為善者王

慈善信託
歷史源流與制度分析

為善者王

慈善信託

歷史源流與制度分析

鄭宏泰　高皓——著

中華書局

□ 責任編輯　吳黎純

□ 裝幀設計　楊愛文

□ 排　版　楊愛文

□ 印　務　劉漢舉

為善者王
慈善信託歷史源流與制度分析

□
著者
鄭宏泰　高皓

□
出版
中華書局（香港）有限公司
香港北角英皇道四九九號北角工業大廈一樓 B
電話：（852）2137 2338
傳真：（852）2713 8202
電子郵件：info@chunghwabook.com.hk
網址：http://www.chunghwabook.com.hk

□
發行
香港聯合書刊物流有限公司
香港新界大埔汀麗路三十六號
中華商務印刷大廈三字樓
電話：（852）2150 2100
傳真：（852）2407 3062
電子郵件：info@suplogistics.com.hk

□
印刷
美雅印刷製本有限公司
香港觀塘榮業街六號海濱工業大廈四樓 A 室

□
版次
2019 年 4 月初版
©2019 中華書局（香港）有限公司

□
規格
16 開（230mm×170mm）

□
ISBN
978-988-8572-51-9

序

　　受孟子：「君子創業垂統，為可繼也」思想的啟發，我們先後出版了《創業垂統：華人家族企業發展特質與思考》和《可繼之道：華人家族企業發展挑戰與出路》兩書，對華人家族企業發展進行了深入討論和分析，惟兩書出版之後，仍一直令我們念念不忘、思想激盪，當中原因，不是無數讀者、研究同仁或家族企業的朋友們，給我們提出的諸多批評指正，而是孟子「君子創業垂統」這句話的上一句：「苟為善，後世子孫，必有王者矣。」我們以此為書名，點出為善的關鍵所在，揭示在孟子眼中，假若個人可以堅持為善，其後世子孫不但可出人頭地，更有機會指點江山。所以孟子認為個人努力為善，便可為子孫後代的事業打下基石，成就真正的家族大業，所以提出賢人君子應多行善舉、累積陰德的重要主張。

　　誠然，對於如何能建立家族大業，受人稱頌，鼓勵向善、多作義舉無疑乃歷久常青的方向。這些看法，在古今的記錄中，可謂汗牛充棟。民間社會便有「前人種樹，後人乘涼」的話，目的當然是鼓勵大家多行義舉，廣結善緣，以留美名於後世。至於北宋名儒司馬光所説的一段話，更可謂一針見血：「積金以遺子孫，子孫未必能守；積書以遺子孫，子孫未必能讀；

不如積德於冥冥之中，以為子孫長久之計。」可見中國傳統智慧，是將行善積德以造福後代的行動，放在至高無尚的位置上。

事實上，由於中國文化重視家族、強調血脈延續，並將個體的角色向上與父、祖，乃至歷代祖宗連結，向下與子孫後代相通，因此將個人努力與追求成就目的，視作為讓家人擺脫窮苦，獲得生活保障的途徑。在更高層次，則會看作是祖宗積累陰德的結果，或是為了光宗耀祖；同時也是為了子孫的繁衍，福澤後代。正因如此，在中國文化中，家族制度不但成為社會組成的最基本單位，更是韌力最強、影響最大的組織，所以錢穆（1973：42）說：「中國文化全部都從家族觀念上築起。」而梁漱溟（1963：36）更引述日本漢學家稻葉君山的話，十分深刻地指出：「保護中國民族的唯一障壁，就是其家族制度。這制度支持力之強固，恐怕連萬里長城也比不上。」

現今社會常提及的慈善信託基金組織或制度，基本上發源於英國、流行於美國，然後在十九世紀流傳到世界各地，港澳亦屬較先引入的地方，並為早年崛起的華人富豪家族所接納，原因是這種制度安排，與中國文化下的慈善事業理念相通，到了近年，更愈來愈受中華大地上無數在「改革開放」

後創基立業一代的歡迎，因他們當中不少人已經到了思考如何讓其平生積累的財富能更好地延續與運用的問題，成立慈善信託屬於其一個極重要的戰略選項。可惜，現時學術界對這方面卻仍未有切合中國歷史、文化和社會特質的研究。

本研究挑選四個古今極具代表性的個案：范仲淹家族、盛宣懷家族、何東家族、邵逸夫家族，從歷史發展與文化傳承角度，剖析慈善信託在中國文化的源流、發展與遭遇，進而説明西方文化與制度引入所激發的創新與挑戰，最後總結中國已經成為世界第二大經濟體，經濟發展充滿動力與發展空間。香港憑藉國際金融及資本管理中心地位，加上「一國兩制」的優勢，如何能更好地配合並支持慈善信託發展，更是在綜合個案分析與透視國際現狀後，必然會帶出來的一個前瞻性分析。

本書能夠順利出版，實有賴各方助力之故。在此，讓我們向所有曾經給予幫助的友好及機構致以衷心謝忱。曾先要感謝香港中文大學副校長張妙清教授和清華大學五道口金融學院常務副院長廖理教授的大力支持，讓我們有充足力量全心投入這個課題的研究當中。

感謝知名華商領袖、金光集團董事長黃志源博士，黃博士不但作為第二代家族領袖帶領金光集團「做大、做強、做富、做久」，成為廣受讚譽的世界級企業，而且常年資助我們不斷開拓家族企業領域學術研究的新疆界，每次腦力激盪的探討交流也總讓我們有新的研究靈感。如果沒有黃博士的遠見卓識和慷慨捐贈，我們難以完成本書這樣高品質的原創性研究。

至於全書的校對和修訂，則要感謝李潔萍小姐和吳黎純小姐，她們耐心細心的編校，令本書論述條理更清晰。當然，我們亦要感謝香港中文大學圖書館、香港歷史檔案館、上海檔案館等配合，讓我們可利用相關資料進行深入分析，所以能更全面地了解到選取個案的發展歷程，克服種種困難，做出令人滿意的成果。

除此之外，我們還要向前研究助理呂文淵、現任研究助理梁凱淇、李明珠等表示衷心謝忱，為了搜集有關的資料，他們要在各地圖書館和檔案館之間不斷奔走，甚至要經常對着那些枯燥乏味的舊報紙、雜誌或微縮片，逐點逐滴地篩選出有用的資料。正是因為他們耐心的工作和不斷的努力，

本書的內容才能如此充實，情節才能如此完整。可以這樣說，沒有他們付出的辛勞和汗水，這個計劃同樣沒法實現。

雖則如此，我們仍因沒法完全掌握政局的急速轉變、歷史的曲折漫長、企業的興替傳承和人生的順逆起落而出現一些研究上的糠粃錯漏，對於某些疑而未決、模糊不清的地方，我們雖然努力求證，但仍沒法做到完美無瑕，這是我們不想看見但卻很難避免的事情，在此我們希望讀者有以教我，指正批評，讓我們往後的研究可以做得更扎實、更豐富。如對本書有任何意見，請直接與我們聯繫：鄭宏泰（致函香港沙田香港中文大學香港亞太研究所或電郵 vzheng@cuhk.edu.hk），高皓（致函北京市海淀區成府路 43 號清華大學五道口金融學院或電郵 gaoh@pbcsf. tsinghua.edu.cn）。

鄭宏泰　高皓

目錄

序
/ i

第一章
慈善信託與不朽追求
—— 中西宗教信仰尋源與比較
/ 1

第二章
范仲淹家族的不朽追求
—— 傳統社會的制度創新與發展
/ 37

第三章
盛宣懷家族的不朽追求
—— 由傳統走向現代的際遇
/ 71

第四章

何東家族的不朽追求

—— 西式慈善信託制度的實踐

/ 113

第五章

邵逸夫家族的不朽追求

—— 由鄉土走向世界的慈善事業

/ 151

第六章

慈善信託的發展和超越

—— 永續慈善事業的努力和思考

/ 187

參考資料

/ 209

慈善信託與不朽追求

中西宗教信仰尋源與比較

引言

　　近年來，中外社會常有富豪巨賈慷慨解囊，一擲千金大做慈善的消息和舉動：世界首富暨微軟創辦人蓋茨、世界股神巴菲特、面書創辦人朱克伯格、蜚聲國際的電影名星李連杰、騰訊創辦人之一陳一丹、香港首富李嘉誠等，都是常被引述的例子。事實上，他們不止是一擲千金，而是一擲數十億，乃至過百億元計，有些甚至表示，早已草擬了遺囑，死後會「捐身家」——即將名下所有財產悉數捐出，設立以他們自己或家族命名，並有家族中人參與管理的慈善信託基金，用於照料子孫後代，同時推動慈善公益事業，造福社會，遺愛人間。無論捐款金額多少，對於這種忘我利他、扶弱助孤的高尚行為，社會高度稱譽，大加表揚，甚至為其豎碑立像，以存後世。中外傳媒對這些義舉同感興趣，常常鉅細無遺地報道捐獻內容與金額，廣為宣揚。而富豪巨賈選擇落實慈善的途徑，便是近年在上流社會大行其道、深受歡迎的信託基金制度。

　　不過，這制度對一般普羅市民而言尚屬新事物，鮮有接觸，故在此先略作簡介。表面上看，捐款設立以捐款人自己或其家族命名的慈善信託基金（charitable trust foundation），並有家族中人參與其中的管理，以之照料子孫後代，並推動社會公益慈善的做法，乃十分現代化和西化的東西，但若從另一角度看，這種安排其實與中國傳統文化重視家族、強調祖堂，甚至設立義莊照料親屬子孫，推行施善教化，積累道德資本，從而延續家業傳奇等特質理氣相通，難怪這制度自歐美社會引入港澳地區後，即能在華人富豪大家族中傳揚開去，受到歡迎。當前，中國踏上了民族復興之路，民間財富不斷積聚，愈來愈多富豪家族開始思考這種既能照料子孫後代，又可造福社會的慈善信託基金制度。

　　令人好奇的問題是：發源於英國，流行於美國，然後擴散全球的信託制度，其興起背景到底有何特別？法律制度又有哪些突出之處？與中國的文化特質又有何兼容相通的地方？本書將循這幾方面作探討，尤其會從中國的文化內涵與特質方面作全面思考，點出西學東漸與現代化的潮流，如何令中西慈善制度產生碰撞與相適應問題，並會透過中國傳統家族個案與具西方及現代化色彩的近代個案的分析，說明慈善基金對家族傳承與發展的作用及影響。

中西慈善信託的定義與特質

　　在展開深入討論之前，讓我們首先談談何謂慈善？何謂信託？以及中外社會在慈善信託方面的發展歷史到底有何異同？在現代社會，慈善行為被看作是捐贈佈施、扶貧濟眾或改善人類福祉的利他行為，甚至認為是那些推動相關助人活動機構的統稱，並籠統地成為英文 charity 或 philanthropy 兩詞的中文翻譯。在英文世界，charity 一詞，乃拉丁文 caritas 一字之演化，帶有回報基督之愛（to the love of God）的宗教色彩（Cordery and Baskeville, 2011）。

　　Philanthropy 一詞則與 charity 一詞略有不同，因此詞其實來自 phil 和 anthropy 兩詞的結合，意思是指對人類的大愛（love to mankind），所以被認為屬於人道主義的關懷，並無宗教色彩，更引申出促進人類福祉的含意，具有較強的社會性和較廣的覆蓋面（資中筠，2006）。而隨着時代的變遷，這詞在英語世界更衍生出廣義上的社會「福利」（welfare）含意（Cunningham and Innes, 1998）。

在中文世界，所謂慈善，字面上的簡單說法，應是出於仁慈心驅動下做出善舉的意思。但若我們查看《漢語大詞典》（第 7 卷，1988：646），則會發現，「慈」的意思指「上愛下，父母愛子女」，所以孔穎達在《春秋左傳正義》中說「上愛下曰慈」，而賈誼在《新書》中也說「親愛利子謂之慈」，並因此引申為母親的省稱，王安石更留下了「庶云留汝車，慰我堂上慈」的動人名句（《漢語大詞典》第 7 卷，1988：646）。

「善」的意思是吉祥或美好，引申為善事、善行、善人，所以《易經》中便有「積善之家，必有餘慶」之說，《史記》則提及「蓋聞為善者，天報之以福」（《漢語大詞典》第 3 卷，1988：439）。若「慈」與「善」合在一起，即是富有同情心之意，《魏書》則進一步提到「光寬和慈善，不忤於物，進退沉浮，自得而已」（《漢語大詞典》第 7 卷，1988：649）。換言之，「慈」有愛心、愛撫之意；「善」有和善、美好之意。兩者的結合，則有出於仁愛之心的施善行為，從而希望可以結出美好果實的意思。

相對於「慈善」一詞的歷史悠久，具社會性，「信託」一詞無疑歷史較短，但有鮮明的法律涵義。所謂信託，即「受人之託，代人理財」。扼要地說，信託是指信託成立人（或稱委託人，setlor）拿出財富（金錢、土地、股權等等），成立信託（trust）安排，並由第三方（例如親友、專業人士或銀行）負責管理（trustees），再將收益按指定條件轉交收益人（beneficiaries）的一種制度。至於法律上的信託類別十分多元，例如有「明示信託」（express trust）、「推定信託」（constructed trust）、「結果信託」（resulting trust）和「節省信託」（spendthrift trust）等，基本上因應不同情況和不同要求而設立，並會受一地社會的相關司法制度所保護與約束（Ma, 2009；Pettit, 2012）。

毫無疑問，慈善信託的核心在於「慈善」一詞上，因「信託」一詞只是說明必須按照施善人的意願在相關社會法律規定下執行其指示而已。我們因此會好奇地問：為甚麼有人會出錢出力在社會上佈施，大做慈善？這種行為背後有何種目的、計算或思考？現實點說則是有何實際得益？儘管社會及學術界對人類以不同形式作出各種慈善義舉的行為有頗為多元的說法或解釋，但最為關鍵及主流的，則非具宗教或類宗教色彩，藉施善他人讓自身獲得救贖而得永生，或是造福後代以保不朽的觀念莫屬（Bremner, 1994；Ostrower, 1995；Lloyd, 2004；資中筠，2006）。由於本章的主要目的在於探討中西方慈善信託制度及義舉的異同和互動，下文的深入比較與分析，不妨收窄到這個層面上。

要更好地作深入比較，我們必須回答一個最為關鍵的問題：人生最重要的追求是甚麼？是求生存或物質享受？自我實踐或名譽權力？還是有鑑於「人生苦短」而追求更為重要的永生或永垂不朽呢？綜合中西方頗為不同的人生追求目標，我們可以簡略地整理出如下較為突出的特點：人類生命雖然有限，但欲望與追求卻無窮無盡，上至帝王將相，下至平民百姓，一致渴望或是最終追求的，無疑就是永生不朽或名留千古。至於慈善義舉 —— 無論是輸財或出力，則基本上被視為可以讓佈施行善者獲得某種肯定與得着，讓他們可朝那個永生不朽的方向前進，所以中西社會長期以來便有了粗略一致的施善利他的目標與舉止。

扼要地說，信奉一神論基督宗教的歐美社會，[1] 其最突出的行為指導與生活圭臬，無疑是精神信仰，因為其宗教所強調的，是神創造世界，一切均是神

---

[1]　任何一個社會，宗教信仰總是多元的，為了便於比較和分析，本文集中於探討歐洲的基督宗教與中國的儒家思想，其他的宗教信仰及思想，略過不表。須指出的是，相對於基督宗教，儒家思想其實並非宗教，而是一種道倫理學或處世哲學（Rowley, 1956），惟兩者卻主導了東西社會的思想與行為，對慈善信託基金制度的影響尤大，本文因而以之進行比較。

的創造和賜予，世人很卑微，且有原罪，個人若得不到救贖，死後便會下地獄，歷受苦難，只有得到神的救贖，才能進入天國，得享永生喜樂。即是說，俗世、天堂和地獄乃相互對立的。個人在俗世的有涯生命微不足道，應盡一切努力得到救贖、進入天堂，獲得永生，享受永恆的喜樂。可見在信奉基督宗教的社會，人生的終極價值與意義都託付給上帝，信徒的終極追求，也帶有比較強烈的「個人本位」色彩。

中國文化中雖也有「天庭」一詞，但沒有神創造世界、天國及原罪等觀念；雖有永生之想像，但稱為不朽。而天庭與俗世又並非對立，甚至能夠互通，亦與冥府地獄相連。中國文化中的不朽觀念更是體現於俗世的，毋須在另一個國度尋獲；它也並非建立在個體上，而是與家族相伴相隨的。當然，中國亦有民間宗教信仰，但並非一神宗教，與基督宗教的教義明顯截然不同。進一步說，中國人的不朽觀念有兩個層次：高層次是追求「立言、立功、立德」的所謂「三不朽」，普通層次則是追求家世傳襲的不朽。前者乃大師賢人聖者傳頌後世的聖言聖德聖行，後者則是尋常百姓家祖宗、父母、子女、後代的血脈相傳自然延續（錢穆，2001），帶有濃烈的「家族本位」色彩。

若果我們圍繞中西社會這兩種截然不同的人生終極追求 ── 或者說文化基因，與相關具體安排作討論，則不難發現，古代基督宗教的核心內容是世人均有原罪，須藉由上帝的救贖才能得永生，具體安排是強調教會作為信眾和上帝之間的「全權代表」或橋樑角色，所以無論禱告、救贖乃至慈善捐獻及佈施弘道等，均由教會統籌負責，信徒則要十一奉獻 ── 即是拿收入的十分之一捐給教會，救濟則惠及所有信徒，乃至全社會。其次，古代歐洲社會貴族仕紳及傳教士地位崇高，商人則被視為次一等，且覺得財富追求是一種罪惡，所以有「你們不能事奉神，又事奉瑪門（財富）」的教誨，同時亦有「有錢人要進

入天國，比駱駝穿過針孔還要困難」之說，將擁有財富與獲得神的恩典對立起來，視財富為走向永生救贖的阻礙（徐佩明，1991）。

　　相對而言，中國文化或民間信仰截然不同，既沒天下只有一個神祇的一神論觀念，又相信所有神都是導人向善的，不會只信奉單一神祇，排斥或抗拒其他神祇，更沒原罪概念，要藉神的救贖以進入天國的永生觀念；相反中國文化高度重視祖先崇拜，強調血脈延續的重要與堅持，將「兒女的生命裏保留了父母生命之傳統，子孫的生命裏便保留了祖先生命之傳統」的世代延續，將之視為不朽的重要特質，這亦十分鮮明地解釋了為甚麼中國傳統特別強調「不孝有三，無後為大」，或是「百行孝為先」等，因為無後不但意味父母失去了奉養，亦打斷了家族不朽的連鎖（錢穆，2001：10）。

　　所以我們不難發現，家庭或家族在中國文化而言，具有與西方極不同的內涵。而統合家族的組織或機構，則是祠堂或祖堂，尤其擁有處理家族糾紛、提供教育、統籌祭祀，以及負責公益救濟等任務；而公益慈善則以宗族為主，其次才惠及鄰里鄉黨，再其次才是整體社會，具有內外親疏之別。另一方面，儘管帝制時代的中國，長期抑商限商，但我們的文化其實並不否定財富、賤視財富，而是視財富為生活中不可或缺的重要部分，樂於接受，只是並不認同財富追求乃達至社會最高地位的目標。所以中國文化便有「倉廩足而知榮辱」的說法，亦有祝賀「富貴榮華」的傳統和習慣（文崇一，1989；劉翠溶，1992），此點與古代基督宗教教義的賤視財富，毫無疑問地又呈現了巨大差別。

　　扼要地說，西方基督信仰因為重視個人救贖以得到永生，教會又成為統管一切與神溝通的最主要「中介」或「代理」，所以信徒常去教堂，強調對神的崇拜，與教會關係緊密相連，可以簡單地視為「教堂主導社會」；中國文化因

重視血脈延續以獲得不朽，所以強調家族，而管理家族事務、進行祭祀的組織，則是祠堂，因而可以簡單地視為「祠堂主導社會」。由是之故，中西之間便呈現了西方社會特別重視教堂，講求個人與上帝的關係，中國社會則特別重視祠堂（包括祖堂、祖業、祖產），強調對祖先的拜祭，講求家族關係等截然不同現象。

既然西方屬於「教堂主導社會」，前文提及的那些以個人或家族名義成立的慈善信託基金，又為何會成為社會潮流，廣受官商巨賈家族歡迎呢？教會又怎會容許，而社會又怎會接受呢？當中是否有不為人知的重大變化呢？中國這種高度重視個人及家族名譽與地位的「祠堂主導社會」，其實又凸顯了哪些歷史與文化的內涵和基因呢？當中是否同樣曾經滄海呢？要更好地揭示當前慈善信託基金的安排與中國傳統文化的理氣相通與相互對口的核心所在，我們必須多花些筆墨，從雙方歷史源頭與發展歷程逐點談起，而最為重要的，則必須先從中西政權興替與宗教信仰傳播的層面入手。

中西政權興替與宗教信仰傳播

回顧歷史，我們不難發現，宗教信仰與慈善文化的產生和發展，明顯有着極為深厚和密切的關係，因為宗教信仰不但有利於培育社會的慈善義舉氛圍，亦是有力的感召，並具不容低估的行為制約，而中西方政權的興替和宗教信仰的變與不變，又十分深刻地影響了他們在慈善方面的努力，並左右了相關制度的創新與沿革。到底中西方的政權興替有何重大經歷呢？這些變化又如何牽動宗教信仰與慈善義舉的發展呢？下文讓我們先扼要地談談中西政權興替的歷史和轉折，然後再粗略勾勒兩者宗教信仰與慈善義舉的異同與嬗變。

　　我們今天所說的西方社會，其源頭可追溯自古希臘文明。城邦制度是古希臘文明繁盛時期的亮點之一，其關鍵之處是此制度打破了原始社會的氏族制度，使得希臘邁出了通往文明國家的第一步。所謂城邦，就是一個城市連同其周圍不大的一片鄉區所形成的獨立主權國家，有自己的法律、議事會、執政官和法庭（顧准，1982）。公民權利在城邦制度中處於核心地位，惟公民並不泛指城邦內所有居民，婦女、奴隸、農奴、邊區居民和外邦人等，全都不具有公民的資格，不享有相關權利，這種形式的社會階層分化，自然形成了社會的不平等。

　　城邦承認私有產權的合法地位，並推崇商業和手工業發展以創造財富，雖為經濟發展注入力量，但同時卻又埋下了社會不穩的因子，因為從那時開始，原始氏族社會中的均衡關係被徹底打破，財富分配的不均和社會成員的地位不平等日益加深，並導致了社會中弱勢羣體的處境更為尖銳，他們需要得到人們的幫助和救濟，慈善公益事業乃有了發展的需求。

　　另一方面，起源於公元前七世紀意大利半島的古羅馬文明，經過了數百年的發展和努力，其民族於公元前 30 年戰勝了它的強敵 —— 希臘人在埃及建立的托勒密王朝 —— 建立起一個橫跨歐、亞、非的龐大帝國。羅馬人雖然在軍事上征服了希臘，但卻繼承了希臘文化的精華，並將之發揚光大，在歐洲傳播開去（許海山，2006）。此外，羅馬帝國的君士坦丁大帝（Constantine）於公元 313 年發佈《米蘭敕令》，宣佈基督宗教合法，大大促進基督宗教在羅馬帝國內的傳播；至公元 380 年，狄奧多西一世（Theodosius I）更將基督宗教定為國教，並排斥其他宗教。而隨着羅馬帝國的擴張，基督宗教也逐漸廣傳至其他歐洲地方。

公元 476 年，西羅馬帝國滅亡。稱為東羅馬帝國的拜占庭則繼續撐持達千年之久，直至 1453 年才被奧圖曼帝國消滅和取代。由公元五世紀至十五世紀這大約一千年時間，被稱為中世紀或黑暗世紀，原因是不同民族之間與不同宗教之間，為了爭取自身的利益常有撕殺，戰亂頻仍。[2]

公元七世紀，東方的阿拉伯帝國崛起，並逐步走向繁榮，成為西亞和地中海沿岸的文明中心。作為銜接古代文明與近代文明之間的橋樑，阿拉伯文明在城市發展、居民生活、繁榮經濟、普及教育等領域均取得巨大成就，為西歐文明的復興作出重大貢獻。而更為重要的，則是同樣屬一神宗教且衍生於基督宗教的伊斯蘭教，在該地域的迅速興起和廣泛傳播，並成為阿拉伯帝國的國教，乃該文明興起的重要組成部分。

但是，同屬一神教的伊斯蘭教與基督宗教之間，卻又因為帝國的開疆闢土與宗教勢力擴張而常有衝擊，其中最為突出的，則是持續近二百年宗教戰爭「十字軍東征」，且多數曠日持久。人民顛沛流離，歐洲的宗教組織，如基督宗教的教會自然承擔了救濟難民的責任，從中樹立了教會威信、精神支柱地位，反而君王則淪為政治生活的統治者，令教會的權力逐漸凌駕於政權（君王）之上，主教不但主導了人民的日常生活與行為，也影響着政治運作。即是説，從公元五世紀至十五世紀的大約一千年時間裏，歐洲因教會與統治者給合在一起，使得宗教成為了統治者壓逼人民的重要工具，而教會的角色又較統治者更為突出，所以我們稱那時為「教堂主導社會」。

2　對於中世紀歐洲四分五裂戰亂不斷的問題，德國社會學者桑巴特（Werner Sombart）在其《戰爭與資本主義》一書中如下一段介紹可謂十分深刻，我們不妨引述如下：「處於中世紀晚期的意大利如同西班牙一樣是一處巨大的軍營；14 與 15 世紀期間英國與法國爭鬥了一百年；16 世紀期間歐洲只有 25 年的太平時光，17 世紀時只有 21 年，也就是説這二百年裏就有 154 年處於戰亂。荷蘭從 1568 年到 1648 年有 80 年，從 1652 年到 1713 年有 36 年在打仗；145 年裏打了 116 年」（桑巴特，2016：3）。

　　西方將十五世紀視為中世紀終結的分界線，而作為世界五大文明古國之一的中國，在這個時期之前的政權興替與宗教信仰傳播，又處於怎麼樣的一種狀態呢？

　　綜合多種歷史資料，中華文明的起源，與不少原始文明或文化無異，主要有占卜、巫祝與祖先崇拜等原始宗教，屬多神信仰，而不同宗教與信仰之間則並不排斥。大約公元前二十一世紀，大禹因成功治理黃河水患並得天下，開啟了夏朝政局。與古希臘的城邦制不同，夏朝實行家天下的世襲制；在宗教信仰上則確立了祖宗崇拜的尊崇地位，反而沒有孕育出對單一神祇的信仰。那時的中國，人民安居樂業，社會保持穩定而孕育了璀璨的文明（錢穆，1948）。

　　雖然社會安定，但政權運作太久，卻難免產生了內部腐敗、領導不力等問題，因而招來了挑戰和討伐。因夏朝政權內部腐敗、乏力抵抗，最終被商湯取而代之，下開商朝。商朝雖然得天下，但基本上保留着前朝制度、宗教與文化，尤其承襲了祖先崇拜，情況有點像古羅馬雖取代了古希臘，但卻採納其文化一樣。

　　商朝約於公元前十七世紀得天下後，同樣頗有一番新景象，但維持六百多年後亦政權腐敗、社會問題叢生，令民怨四起，周武王乃組織了武裝力量，挑戰內部已經腐化的商朝，並最終將之剪滅，下開周朝。有周一代享祚長達八百年，至公元前 256 年終結，並基本上延續了商朝祖先崇拜的傳統。周朝其實又可分為兩個時期：西周與東周。西周維持近三百年，東周則維持近五百年。前者周天子位尊權重，號令天下，後者周天子失去權威，地方羣雄並起，先有春秋五霸，繼有戰國七雄，彼此間因爭權奪利而戰火不斷，民生困苦。

　　當周天子失去統治威權，國家處於霸權競逐、戰亂頻仍之時，各種理論、戰略、思想和哲學等卻紛紛湧現，因而有了九流十家、百家爭鳴的局面，其中

以孔子所倡導的儒家與老子所倡導的道家，對後世影響最為巨大。由於中外社會常將孔子與耶穌相提並論，甚至就其人生經歷及思想內容等作比較，若我們亦將目光集中於此，作簡單對比，則不難發現，儘管孔子與耶穌的人生經歷有一些相似之處，例如兩人均出生貴胄後裔（孔子的祖先是商朝王室，耶穌是大衛王後代），兩人均身處亂世，兩人均述而不作，思想與教誨由門徒代為記錄傳播，並在他們去世一段長時期後才廣為流傳等（秦家懿、孔漢思，1989），但兩人的思想、處世、追求目標，以及孕育其思想的文化底蘊等，則可謂截然不同。

很簡單，孔子注意的中心是家族，突出點是血脈；耶穌注意的中心是神，突出點是救贖。正因孔子注意家族與人，他特別強調家族和人與人之間的關係，其中又以「五倫」（君臣、父子、夫婦、兄弟、朋友）的五種關係最為關鍵，而這五種關係的其中三種，基本上是家庭成員間的關係，就算是另外二種，其實亦是以家庭模式為依據的關係（秦家懿、孔漢思，1989），可見儒家對人倫關係特別重視，血緣則是維繫這種感情的主軸，因而有了內外和親疏之別；基督宗教聚焦人與神的關係，講求救贖，不同種族膚色的信徒，全屬神的兒女，大家均是弟兄姊妹，所以沒有內外親疏之別。

孔子在宗教信仰上表現得冷靜與理性，[3] 他表示「敬鬼神而遠之」。儘管孔子指「是非之心，人皆有之」，並認為 「天」（神）存在於人心之中，故人只要盡心知性，便能知天，將天內化，成為完人、聖人，所以人人皆向善，人人皆可為堯舜。這些今時今日仍令不少中國人朗朗上口的說法，將天融入世人心中，沒有基督宗教的原罪與救贖概念，當然亦無基督宗教強調上帝乃世上唯一真神的內涵，因而產生了截然不同的行為模式與追求目標。

---

[3] 這點其實正是梁漱溟（1963）所指，中國文化早熟、理性早啟的主要原因及依據所在。

在孔子心目中，個人生命在俗世無疑是短暫的，但不朽觀念卻又並非如基督宗教般突出神的救贖，而是認為存在於祖宗香火不息之中，所以他特別強調孝道，視之為傳宗接代、延續不朽的最重要內涵，所以中國傳統有「不孝有三，無後為大」，以及「百行孝為先」等說法，將血脈與孝道連結在一起，並有注重祖先崇拜，以祠堂作為家族核心組織，不但以祠堂承擔祭祀、管理及領導家族的責任，亦視祭祖為子孫與已故親人的聯繫（秦家懿、孔漢思，1989：65）。耶穌同樣認為人生於俗世是短暫的，惟他卻認為只有神的救贖，進入天堂，才能得享永生。所以教堂便成為承擔祭祀、管理及領導信徒的重要組織。

孔子特別強調「仁」的重要，因仁帶有善性、恩慈、人性、仁慈等，更被視為普遍德性。基於這種仁的思想，孔子極力反對上古宗教以人為祭品以祭神，覺得極不人道，並致力於扭轉那種歪風。另一方面，在儒家看來，愛護自己的子女，可以伸延至愛護別人的子女，孝敬自己的父母長輩可以延伸及孝敬別人的父母長輩（秦家懿、孔漢思，1989）。至於在慈善義舉方面，孔子曾提出了利用本身財富以周濟鄰里的觀念，所以他在魯國出任司寇時，曾告誡推辭俸祿的原憲，「不要推辭，有餘可以周濟鄰里鄉黨」（引自劉翠溶，1992：714），惟這種慈善救濟觀念，仍是先家族後鄰里鄉黨，然後才惠及全社會，帶有濃烈的血緣地緣色彩，並顯示了親疏有別，與耶穌宣揚神愛所有世人的大愛、包容、無分彼此、不注重親疏的觀念，頗有不同。

令人大感歷史弔詭的，無論是孔子或是耶穌，他們在生時，儘管門徒不少，追隨者眾，學說備受社會及當政者的關注與重視，但卻未能一展所長，發揮力量，直到他們去世多年後，在門徒們薪火相傳與宣揚下，才日漸流行起來，在社會上發揮了巨大影響力，洗滌人心。

公元前 221 年，戰國七雄的亂局，最終由秦國的嬴政收拾，他憑着強大領導力與切中時弊的戰略擊潰其他對手，一統天下，下開大秦。為了彰顯這一重大功勳，他自稱始皇帝，並以法家為主導思想，推行一系列強硬但卻垂範後世的重大政策：其一是廢除封建，實行郡縣制，集權中央；其二是統一全國文字，並劃一貨幣和度量衡等；其三是箝制思想、焚書坑儒，後者對尊孔子為「至聖先師」的儒家學說，打擊至為嚴重。

然而，秦朝國祚短暫，便因其高壓政策招來民變、各方勢力蠭起，最後由平民出生的劉邦所取代，下開漢朝。漢朝初年實行老子無為之治，並恢復封建，與郡縣制並行，惟到漢武帝時，則因應當時政治形勢變化，尤其因察覺儒家思想有助皇朝統治時，改為「罷黜各家，獨尊儒學」，令儒學自那時起（公元前一世紀），成為了中國的「國教」（秦家懿、孔漢思，1989：65），不但祖宗崇拜與重視血脈延續的觀念得到強化，慈善救濟仍以宗族為主，然後蔭及鄰里鄉黨，這種思想主導了社會各方面的秩序與行為，其發展狀況與前文提及基督宗教曾受統治者迫害，但後來又獲正式定為國教十分相似。

自此之後，儘管曾有改朝換代，但儒家思想卻因有助統治而能繼續其作為意識形態主導者的地位。到了公元一世紀時，具出世思想的佛教自印度傳入中國，由於此宗教所強調的看破紅塵、剃道出家、與世隔絕和苦行生活等內容，與中國傳統祖先崇拜與強調血脈延續文化相逆，在傳入之初不太被社會大眾所接受。但之後則因核心內容作出調整，尤其消除了對祖先崇拜與血脈延續的抗拒與衝擊，加上日後有了本地化的禪宗等宗派，突出了宣揚孝道、輪迴與行善積德等內容，因而令佛教可以逐漸傳播開去。

　　儘管道家思想與儒家思想孕育的時間不分軒輊，而秦始皇更相信曾受道家思想影響，有了追求長生不老的多番舉動，令民間社會對道家思想多了不少想像，但真正令道家思想宗教化的，則是公元二世紀時，四川一位名叫張道陵的人，他以老子和莊子為師，創立了日後被稱為「天師道」的道教，掀開了道家在中國歷史上的重要一頁。道教一方面高舉道法自然的旗幟，強調個體融入自然，另一方面則塑造神仙世界，置於凡俗世界之上，然後又傳授或提倡世人修練長生不老之術，並藉驅邪伏魔等法傳教，吸收信徒，至於其講求靜修、養生及煉丹等法以追求長生不老，更令不少帝王將相趨之若鶩，令其日漸流行起來。

　　值得注意的是，佛教傳入中國之初，雖與儒家道家曾發生過衝突與不協調，但後來卻因其進行了本地化而能相互吸收，尤其能夠調和中國祖先崇拜與延續血脈的傳統，於是能逐步獲得民眾接受，漸次興起，這與中世紀的歐洲因宗教教義不同，傳播過程出現衝突，最後激發曠日持久、破壞力極強的戰爭呈現了截然不同的發展歷程。更為重要的是，由於儒學與佛教和道教並非一神宗教，不排斥其他神祇，反而可以彼此吸收，於是有了日後具中國文化特色的三教合流。另一方面，由於儒、佛、道合流後的文化內涵，沒有基督宗教神愛世人不論種族膚色，其慈善觀念與救濟視野，仍是先家族後鄰里鄉黨的親疏有別。

　　東漢亡，並開始了魏、蜀、吳三國鼎立的局面，而這一局面維持約六十年後由西晉所統一。惟統治模式、獨尊儒學與強調祖先崇拜的傳統則一如既往，沒有轉變。西晉只維持五十年左右，便因北方外敵入侵而退守長江以南，下開東晉偏安政局，北方則如走馬登般出現了多個政權輪替起落，公元 402 － 413 年，印度高僧鳩摩羅什在華北弘佛，令佛教更加興盛起來。到東晉滅亡後，則出現長達接近一百七十年南北分裂局面（420 － 589 年）。儘管其間佛教的傳

播曾有一些波折，尤其曾捲入政治爭拗之中，但基本上仍維持着儒家思想主導，而佛、道並軌前進的勢頭，可令祖先崇拜和血脈傳承的思想與價值，更為深刻地根植於民眾心坎之中。

公元 589 年，隋朝統一南北，結束了南北朝的分裂分治。然而，隋朝卻與秦朝一樣速亡，公元 618 年唐朝建立。唐初時佛教一度十分興盛，其中最著名且常被引述的例子，是玄奘曾赴印度取經，然後翻譯大量佛經，加速了佛教傳播，之後更有禪宗六祖慧能四出弘揚佛教，令佛教先後傳到朝鮮及日本等地。與此同時，景教（基督宗教）和伊斯蘭教等亦於那時傳入中國，惟兩者卻沒如佛教般在中華大地上傳播開去，核心因素應是與其乃一神教義，沒法與崇尚祖先崇拜的中國傳統文化相調和之故。

但到唐武宗時，由於他篤信道教，追求長生，所以曾於公元 845 年下令打擊佛教，燒毀寺廟，逼令僧尼還俗，令佛教傳播一度遭遇挫折，他本人據說最終因為服食丹藥英年早逝。公元 907 年，唐亡，五代十國繼起，戰亂頻仍，其局面維持約六十年，最終由趙匡胤於公元 960 年一統河山，是為宋朝。

由於趙匡胤立國後奉行重文抑武國策，所以有宋一代雖然武功不如漢唐，甚至常招外敵入侵，但文化氣息則興盛而濃厚，儒、釋、道之間的融和與互動更是尤為突出。有趣的是猶太人曾到開封，從此定居下來，惟他們既沒法將猶太教傳揚開去，本身亦被同化，與散居世界各地的猶太教徒有了截然不同的適應與經歷。公元 1127 年，北宋亡，宋室南渡，下啟偏安政局。但這一局面雖然維持了長達約一百五十年之久，直至公元 1279 年才為蒙古人所滅，開啟了外族入主中原的局面，是為元朝。

蒙古人以外族姿態入主中國後，雖然曾推出不少歧視及針對漢人的措施，例如將帝國內的人民依高低等級分為蒙古人、色目人、漢人和南人四等，但另

一方面則採取不少漢化政策，包括沿用前朝的政治制度、語言文字、社會組織與傳統儒家文化等。元朝的宗教政策尤為寬鬆，容許眾多東西宗教在帝國疆域內傳播，其中的佛教密宗更是盛極一時，僧侶地位尤高，道教亦有不錯發展。至於更為重要的，則是在民間風裕上，仍維持着祖先崇拜傳統，所以祠堂仍是民間社會的核心組織，血脈延續仍被置至極為重要的位置上。

元朝雖然建立了橫跨歐亞的龐大帝國，但享祚只有約一百年左右，便於公元 1368 年被一介平民的朱元璋推翻，下開明朝。朱元璋以驅逐異族為號召而得天下，立國後自然恢復不少古代制度，當中尤以依重家族血脈匡扶皇室的舉動最受注目，例如重行封建，分封子孫為王侯，以保朱姓江山。他更一改前朝作風，廢掉宰相職位，由皇帝統轄六部，總攬大權。用今天家族企業的述語是加強家族控制，削弱專業管理團領導。儘管有明一朝儒家道統仍被奉為統治圭臬，但士大夫階層的地位則有了前所未見的貶抑。正因如此，社會對於祖先崇拜自然有過之而無不及，祠堂仍然牢固地主導了民間社會。

綜合以上中西政權在十五世紀之前的興替與宗教信仰摶播後，我們不難體會到，山川地理、氣候環境，乃至社會發展軌跡及宗教信仰等的本質差異，明顯影響了中西對生命、生活和永生等問題的看法，並會對慈善義舉有了截然不同的目標、內涵與行動，其中最為突出的現象，自然是信奉基督的社會，由於渴求個人救贖以得永生，表現出個人本位色彩，並因教堂肩負一切信徒與神的溝通發展成「教堂主導社會」；而受儒家思想薰陶的中國社會，由於子孫血脈不斷被視為家族世代相傳、長存不朽的關鍵，則表現出家族本位色彩，並因祖先宗拜行為發展成「祠堂主導社會」。至於雙方的政權興替和發展歷程，雖曾有不同衝擊與變化，但基本上還是強化了各屬不同類別社會的特質。

中西宗教信仰與慈善觀念的巨變

　　儒家文化的中國，與基督文化的西方，由於宗教信仰的不同，有了截然不同的人生關懷與終極追求。而錢穆如下的概括，則可謂言簡意賅地點出了當中的重大差異之處。他認為，西方環地中海四周的文明，屬「務於力的鬥爭」類型，東方沿黃河兩岸文明，屬「務於情的融和」類型。西方「務於強而併包」，東方「務於謀安為綿延」，並得出了「故西方常求其力之向外為鬥，而東方則惟求其力之於內部自消融」，因此便有「西方制為列國爭存之局，東方常抱天下一統之想」的結論（錢穆，1948：20 − 21）。

　　接着的重要問題是：既然基督宗教社會乃「教堂主導社會」，為何現代慈善信託基金制度卻會又以個人或家族名義進行呢？為何不是將所有家財交給教會，再由教會代勞呢？現代慈善信託基金制度與中國古代以個人或家族名義進行的義莊制度，又有哪些異曲同工之處呢？要回答這些看似矛盾的問題，則必須從雙方在十三至十六世紀之間的重大社會環境及宗教信仰變革入手。

　　先談歐洲的情況。中世紀的歐洲，由於宗教主導一切行為與倫理，亦令不少人對基督宗教深感不滿，所以自十四世紀開始，便出現了教會勢力日漸淡出政治舞台的情況，隨之而起的，則是理性啟蒙思想和爭取權利的鬥爭，使得更多的慈善救濟工作落到了國家和民間社會身上。至於促進這一重大變局的因素，則是文藝復興和宗教改革的相繼出現，後者迴響尤其巨大。

　　起源於意大利的文藝復興，可說是一場思想解放，強調自由與理性的運動，其重點在於肯定人的自由和價值，認為人是世界和命運的主人，應可按自身的自由意志行事，矛頭直接指向教會，而這種思想新風，例如重視理性及人文關懷精神等，則為自然科學、音樂藝術，乃至建築設計等重大發展，提供了思想的條件與養分，至於慈善觀念亦隨之發生變化。

　　與文藝復興並軌前進的，是宗教改革運動，其發源地則在德國。正如前文提及，自教會勢力坐大，變得對信徒生活無孔不入後，其思想箝制、禁欲和過於保守的教條，再加上教會內部的腐敗等，都令教會成為阻礙經濟發展與社會前進的絆腳石。針對各種問題，德國神學教授馬丁・路德（Martin Luther），於 1517 年發表了《九十五條論綱》，拉開一場具重大歷史影響的宗教改革運動（Cameron, 2012）。

　　馬丁・路德首先否定羅馬教會是上帝在人世間的代表，並認為只要信徒內心真誠信奉上帝，不用參加教會這一「中介」或「代理」組織，亦可獲得救贖，得享永生，所以認為羅馬教會宣揚禁欲的教條並沒必要，亦不認同外在「善功」（慈善功德）有助信徒獲得救贖。他進而指出，信徒可通過自己閱讀《聖經》，直接與上帝接觸交往，不必透過教皇的引導和引介，因而徹底否定了教皇的特權。更為重要的是，他認為信徒有權進行自由的理性思考，所以強調應有信仰上的自由，這便掀開了近代宗教的寬容精神，基督新教（Protestantism）興起，令不少信徒可從羅馬教會過去採取思想箝制和禁慾的桎梏中解放出來。

　　到了約翰・加爾文（John Calvin）時，他更在馬丁・路德的基礎上提出更進一步的觀點。他認為，「善功」具有重要意義，此點雖不必然是獲得上帝挑選成為天國子民的條件或因素，但卻是能否獲得挑選的標誌，因而會促使信徒拼命用自己的善功來證明自己能得到上帝垂青，不被拋棄。由是之故，便會激發信徒拼命工作、積極進取，從而刺激經濟發展，有助物質創造，而這正是新教徒努力拼搏以獲取財富和事業（Cameron, 2012）。至於原來教義所說的「你不能既事奉神，又事奉瑪門」，或社會所流傳的「富人要上天堂比駱駝穿過針孔還難」教條，則有了巨大轉變，不再成為抑壓信徒賺錢尋利的詛咒或無形壓力。

　　無論是馬丁 · 路德，還是其重要追隨者約翰 · 加爾文，都極力反對天主教會的日益世俗化，抨擊教會對社會實務的過多干預，主張應回歸純潔本質。至於德國社會學巨擘韋伯（Max Weber） 在其傳世巨著 *The Protestant Ethic and the Spirit of Capitalism* 一書中，則將新教徒全心全意打拼事業、積累財富，希望藉此贏取神的救贖的價值倫理和操守，視作現代資本主義興起的動力源泉，其學說長期備受重視。[4] 至於最為現實的問題，則是歐洲隨後迅速崛起，不但在科學科技上屢有突破，更刺激了航海大發現，帶動了工業革命，令其力量可以不斷壯大，然後向外殖民擴張，並可主導全球秩序。

　　撇開韋伯新教倫理是否導致現代資本主義的命題不談，從慈善救濟的角度看，自羅馬教皇的權威被馬丁 · 路德刺破，信徒不須透過「代理」便可直接與神交往，而「善功」則仍具有重要意義，這便促使不同階層的信徒，不再如過去般透過捐款教會（尤其是十一奉獻） 的「善功」贏取神的挑選，而是可以用自己的名義進行慈善事業，這樣更能清楚直接地反映個人「善功」積聚的厚薄多寡，這種觀念無疑給西方的慈善事業帶來巨大轉變。

　　當浸淫於基督宗教教義的歐洲社會，自新教興起後，對財富、救贖，乃至慈善義舉問題有了截然不同的看法，並逐步走上了現代化道路之時，中國的儒家思想，已因流於訓詁與教條主義，失去原來「尊德性」與「治國平天下」的抱負與感召而問題叢生，雖然強化祖先崇拜、重視血脈和以家為本的傳統仍十分牢固，惟若與歐洲相比，社會可算是一直處於「超穩定」狀態（梁漱溟，1963）。

---

[4]　據桑巴特分析，現代資本主義其實始於猶太教，因該教強調創設企業與賺取財富的精神與追求所致。此觀點可參考 Braudel（1981 – 1984）， 亦可參考黃仁宇（1991）的綜合討論。

北宋時，儘管深受儒家思想薰陶的士大夫階層仍奉孔孟之道為圭臬，但同時又對釋老之學有新的體會，並在吸納這些精髓與思想後，對人生與追求提出了新的看法，至於總其大成，令中國的哲學思想與信仰出現巨大變革的，則是南宋的朱熹，他針對當時儒學思想未能切合時代前進步伐，提出在儒家思想中融入更多道家和佛家「自然主義」的內容，並對佛教之空與道教之虛作出批判。朱熹理學的主要內容有三大點：其一是「存天理、去人欲」；其二是「人心」服從「道心」；其三是強調道德對行為的制約，並因此發展成講求無爭與順從之學對人民思想產生箝制，不利自主性和開創性的培養。此學說被稱為理學或新儒學，極盛一時，朱熹的《四書章句集注》更成為明清兩朝科舉考試的欽定教科書，其對士人及整體社會影響之大，可想而知。

到了明朝時，被形容為「集心學之大成」的王陽明，在朱熹等人的基礎上再作別豎一幟的詮釋。他認為主觀意識的「心」，是宇宙的本源，反對朱熹純從客觀精神的「理」出發，進而指出「心外無理」，「宇宙即吾心」，所以若要了解宇宙萬事萬物，只須向自身心內探索即可，並認為透過「致良知」，便可「六經皆我註腳」，並要知行合一，令本身的大智慧顯露出來。

在王陽明看來，天地雖大，但有一念向善，心存良知，雖凡夫俗子，皆可為聖。這樣的思想，其實具有自強不息的發奮拼搏精神，乃個人上達的追求，這與基督新教倫理中的全心全意拼搏事業頗有異曲同工之處。至於其學說雖然名揚一時，門生不少，但到他一死之後，門生多流於虛浮清談，束書不觀，最終掉進了唯心主義，因而未能在社會上發揮更大影響力，反而朱熹的學說由於有助帝王統治，思想箝制備受吹捧，只是其影響則是令讀書人只知皓首窮經，在訓詁考據中喪失了獨立思考，淪為人云亦云之輩。

　　即是説，宋明理學雖是針對中唐以後儒學僵化，佛、道興起，乃至世家大族沒落及社會出現巨大變遷，激起了士大夫階層對儒學本心與人生的探索，然後有了對儒家思想的改革，但卻並沒因此令其在科學、科技等層面上取得突破，更遑論可如歐洲般帶來工業革命，就算是鄭和在航海方面有重大突破，下西洋的日子遠比哥倫布發現新大陸早得多，惟他卻沒如哥倫布般產生相似的歷史效果，向外拓殖擴張，而只是宣揚國威、帶回一些稀奇珍品而已，令人慨嘆，核心所在相信與錢穆如下一段觀察相去不遠：

> 中國政制，常偏重於中央之凝合，而不重於四圍之吞併。其精神亦常偏於和平，而不重於富強。常偏於已有之完整，而略於未有之侵獲。對外則曰昭文德以來之，對內則曰不患寡而患不均。故其為學常重於人事之協調，而不重於物力之利用。

（錢穆，1948：17）

　　雖然朱熹與王陽明的新儒家學説頗有不同，但説到底還是為儒學復興注入重要力量，主導了宋元明清四朝的意識形態和道德倫理，至於宗教信仰，仍是傳統的祖宗崇拜為主，視子孫血脈延續為不朽的核心，絲毫沒變，所以仍維持着「祠堂主導社會」的性質，其慈善救濟既基本上由祠堂負責，以宗族為最主要服務對象，在力所能及之下，才惠及鄰里鄉黨，最後才是社會整體、全天下，內外親疏之別的界線依然清晰可見。

　　換言之，經歷千百年的政權興替與社會發展，到中世紀時，中西宗教信仰與思想出現了巨大變遷，「教堂主導」的西方因教會控制力滑落，令信徒可以擺脱教會羈絆，有了更大的自由，而非如過去般只能仰息教會，連慈善捐獻亦

集中於教會手中，而是有了更大自由，所以在慈善救濟方面，便有了更大自主，可以按自己的想法與目標行事。相對而言，「祠堂主導」的中國，雖然儒家思想有了不少變化，尤其在思考人生的修養和生活方面，以及如何貢獻社會的治國平天下方面，有了更為系統的構建與伸延，但那個以祖先崇拜與重視家族的核心，則沒變化，亦不被撼動，所以仍是停留在「祠堂主導」的層次，慈善救濟自然仍是內外有別，以宗族親屬為主。

西方信託與中國義莊

儘管中西社會在十五世紀前後宗教信仰改革與變遷的歷史背景、具體因由和內涵性質等差異巨大，但卻頗為巧合地促使雙方選擇以個人或家族名義成立慈善信託的制度，既以之作為保障親人家族的重要工具，亦以之推動慈善事業，造福社會，惟雙方的發展，則又頗為不同，在當前中國綜合國力不斷提升，民間財富日益積聚的情況下，尤其富時代意義的參考。正因如此，下文讓我們談談中西家族慈善信託的發展背景、歷程與特質。

現時在英美國家極為流行的信託制度，其實萌芽於中世紀那個戰爭頻仍的年代，孕育地則在英國。資料顯示，中世紀的英國，因為戰爭關係徵集全國上下壯丁 ── 不止平民百姓，還包括擁有土地的地主和貴族 ── 出征打仗（主要是多次的十字軍東征），而外出行軍打仗為時非短，且禍福難測，那些地主和貴族辭別國土之前，乃將土地房舍等交託他人代管，例如耕種、收租、維修和看管等等，以確保相關土地或房舍利益不被損害。

但是，當地主或貴族打完仗歸來，或是戰死沙場之後，他們或其親人要從受託者手中收回土地房舍或權益之時，則難免出現一些預料之外的變數與糾

紛，例如有受託者不願歸還或是在盈虧方面有爭拗，於是乃告上大英君王，而君王則委任總理大臣（Lord of Chancellor）進行聆訊和裁決，其案例與裁決便成為信託法例之始，並發展出日後的衡平法（Law of Chancery 或稱 Law of Equity），給予信託制度重大法律保障，令信託制度有了重要發展支撐（Pettit, 2012）。

令人好奇的是，信託制度雖然發源於英國，但令之大行其道，尤其深受富豪巨賈歡迎，並且發揮巨大效能的則是美國，原因是幅員遼闊、資源豐富的美國，立國後機會處處、急速發展，令不少敢拼肯搏且勇於冒險創新的企業家，能從國家崛起和不斷壯大的過程中積聚巨大財富，較英國有過之而無不及，因而有了如何將巨額財富更有效回饋社會的探討。至於其中的個人主義和自由主義思想，在這個新興國家大行其道，成為兩股最突出的意識形態，因此又大大影響了社會對於個人積累財富，以及應如何運用問題的連番爭論。

就以財富積累如何回饋社會為例，傳統的做法自然是捐給教會，由其統籌負責，但基督新教興起後，教會不再享有至高無上的地位，即連捐獻也可改由個人分配，而非由教會代勞，令社會對如何更有效發揮慈善效益有了更多討論。當時社會已有意見認為，個體與教會之間的佈施行善目標存在差異，推行方法亦不盡相同，更不用說有人或者沒有宗教信仰，或是抗拒教會過於保守的作風等等，因而便有了個人化的捐獻和施善訴求，信託制度則因具有多重彈性與特點（例如可按委託人的需求，訂立條文、運作受法律保障等）乘時而起，受到歡迎。

舉例說，十九世紀三十年代，美國費城一位名叫 Stephen Girard 的銀行家，臨終前立下遺囑，重點是將一生辛勤積蓄下來的財富（約七百萬美

元）捐建慈善基金，用於創立一所專為教育白人貧窮子弟及孤兒的學校，但規定「任何教派的傳教士，不得進入學校，以保持學生們純潔的頭腦不受教派衝突影響」（Bremner, 1988：50 － 51）。至於廣受關注，且引起更大迴響的，則是卡耐基於 1906 年決定將名下財富悉數撥入卡耐基基金（Carnegie Foundation），按自己定立的目標，落實照料家人，並且推動慈善事業的壯舉。據說他曾説了這樣至今仍讓不少人難以忘懷的話：「富有地死去，實在不光彩」（The man who dies rich, dies disgrace）（Carnegie, 2011）。

卡耐基的另一過人舉動，是他著書立説，即中國傳統所強調「三不朽」中的立言，出版了《財富的福音》（The Gospel of Wealth）一書，提出了如何運用財富以推動慈善事業的觀點。舉例説，卡耐基認為，科學地花錢與賺錢一樣重要，並指出一個人坐擁巨富去世，其實是一種恥辱，所以應在臨終前將名下財產悉數捐作社會公益，而捐獻（散財）的原則或優先次序，則應以捐建學校、推動教育、提升民智為先；其次是支持醫療服務，使民眾免受疾病折磨；然後是文化藝術與體育休閒，目的在於強身健體、提升生活品味和修養；最後是捐建教堂，讓人得到信仰歸屬（資中筠，2006；Carnegie, 2011）。

另一方面，卡耐基特別提到，佈施救濟的目的，在於協助弱者自救，而非讓其養成依賴習慣（Carnegie, 2011），此點尤其帶有今天社會常説「授人以魚，不如授人以漁」的意味，亦與美國開國元勳之一的富蘭克林（Benjamin Franklin）所指，單純的施捨反而會加深貧窮，並強調應對貧窮者「做好事之道，不在於使他們在貧困中過得舒服一些，而是要引導他們走出貧困」的思想理氣相通（資中筠，2006：13）。

　　自始之後，富豪巨賈生前死後捐出巨資創立信託基金，在照料親人的同時，大力推動個人或家族化的慈善公益事業者逐見增加，其中較著名的有洛克菲勒基金（Rockefeller Foundation）和福特基金（Ford Foundation）等。尤其值得指出的，是洛克菲勒（John D. Rockefeller）晚年綢繆如何設立信託基金時，據說是受私人好友兼顧問蓋法迪（Fredrick Gates）的一席話所「點化」，因蓋法迪曾告誡他：「你財富積聚的速度有如雪崩般快……（是故），你分配出去的速度，必須較積聚的速度快。否則，到後來必會如雪崩般禍及你本人，子孫及子孫的子孫。」（Bishop and Green, 2009：154）

　　在卡耐基和洛克菲勒之後，美國富豪巨賈捐出巨資以設立信託基金的做法，蔚然成風，他們成為政府和教會以外，一股支持教育、贈醫施藥、修橋築路、助弱恤孤、推動科研、保護環境，以及弘揚文教等等慈善公益的不容低估力量。至於他們家族的名字，則隨着其公益服務持續不斷的發展，在社會稱頌與感謝聲中讓其傳奇故事傳揚開去，達到了藉慈善公益以獲取社會認同及道德資本的目標。最新的統計資料顯示，截至 2012 年，全美國共有 86,192 家已註冊慈善基金，擁有的總資產值 7,150 億美元（即約 55,770 億港元） 財產，全年捐獻額達 518 億美元，估計 2013 年的全年捐獻金額可達 547 億美元（The Foundation Center, 2014），可見慈善基金已成為美國其中一股極為重要的軟實力。

　　相對於歐美國家民間慈善事業在「教會主導社會」時期，由信徒捐款給教會，再由教會全力承擔所有救濟施善工作，在宗教改革後，逐步轉為由個人或家族將捐款直接成立本身慈善信託基金，自行經營「善功」。屬「祠堂主導社會」的中國，儘管在十三至十五世紀期間亦曾針對儒家思想的僵化而進行變革，但基本上沒有改變其家族本位的基礎，所以仍由祠堂承擔主要慈善工作，

惟到了北宋時，則針對中唐以後世家門第的破壞，出現了「社會……無豪強巨富，雖日趨於平等之境，然貧無賑、弱無保，其事不能全仰之於政府，而民間每苦於不能自振奮」問題（錢穆，1948：23），而有了「義莊」制度的誕生，但其性質和內容，則與祠堂大同小異，因當時的社會基本上仍是家族本位，不但資源和管理來自家族，救濟與施善目標亦是宗族為主，旁及鄰里鄉黨，最後才是整體社會，具有明顯的內外親疏之別。與信託制度不同的是，中國義莊制度的發展過程，哪怕經歷多番朝代更易與戰亂等衝擊，仍基本上維持着原來模式結構，與家族制度相依存，沒有甚麼驚天動地的革命性轉變（李文治、江太新，2000），用今天的話語則是缺乏突變與創新。

進一步說，由於中國文化將不朽的核心，放在家族之上，家族是推動公益慈善的最主要單位，所以基本上與祠堂相配合。當然，尋常百姓家由於財力有限，祖堂資源不豐，他們鮮有跨越鄉里，遍及省市乃至全國的慈善公益壯舉，很多時只是集中於一時一地家族、親屬或鄉里間的紅白二事支援，以及恤孤助弱而已，即只是替代過去一直由祠堂承擔的工作吧了。但是，對於世家大族而言，由於人丁壯旺，財力雄厚，加上曾擁有功名，出仕為官，他們以義莊為工具，在推動慈善公益事務時，自然遊刃有餘，亦可發揮更大效果，這樣當然可更有效積累道德資本、顯揚家族名聲了。

一般而言，為了便於管理，分清責任，他們會將義莊的資產獨立管理，並規定其固定資產不能動用，只能利用經常性收益以支持慈善公益事務，這樣便令義莊有了永續發展的機制，可見義莊制度帶有信託制度的色彩。當然，相對於信託制度，支撐義莊運作的體制，並非白紙黑字寫得清清楚楚的法律制度，而是界線較為模糊、約定俗成的社會關係及道德價值。

從資料上看，義莊制度始於北宋，盛行於宋元明清各朝，到帝制結束才因政治環境急劇轉變而消亡，然後又在近年因為政經社會環境出現巨大變化而逐步興起。當中的重要例子，則以江蘇吳縣范氏義莊、浙江四明鄉曲義田和上海愚齋義莊最為著名。他們的組織模式與服務內涵，具有家族慈善公益的色彩，並曾在濟貧助弱恤孤與教育等層面上，發揮一定作用，對相關家族在積累道德資本與延續傳奇方面頗有裨益，同時亦福蔭其子孫後代。可是，他們的發展，卻沒能如歐美國家的慈善信託般，在現代社會中匯聚成一股龐大無匹的巨大力量，無論在助弱扶貧恤孤方面，或是在支持教育、推動科技研發，乃至於帶動社會變革與前進等方面，為全人類的福祉作出巨大貢獻。

從這個簡單的歷史回顧中，我們可以十分清晰地看到，古代的歐美社會由「教堂主導社會」下進行一切慈善公益工作，並由其承擔所有責任，因而亦由其積累一切「善功」（道德資本）。進入現代社會後，則轉為以信託基金方式經營管理，由家族主導，所以道德資本與名聲亦歸入相關家族名下，而現代資本主義的興起，法律制度的不斷現代化、規範化，以及專業化管理等等，又令不少可以迅速致富的家族，運用這套制度以更有效地發揮作用，既有助達至照料親人、延續家族傳奇及造福社會的目標，並讓其成為今時今日歐美社會其中一股不容低估的「軟實力」（soft power）。

相對而言，在中國的「祠堂主導社會」下，義莊制度雖然早在十一世紀已經萌生，之後逐步發展，就算在皇朝更迭、歷經戰亂，乃至清末西風在中華大地廣為流行之時，仍然絲毫沒變，保持着橫向的「周而復始」穩定發展，直至帝制結束之後，才退出歷史舞台。但是，此制度卻因那時的中國未能進入現代資本主義，所以既沒出現如歐美社會般的迅速及龐大的資本積累，亦沒出現如歐美社會般有利信託制度建設的環境，因而沒有吸引專業階層為此制度作出貢獻，令義莊制度一如舊觀，沒甚改變，當然亦沒長足發展。

概括地說，在進入現代社會以來，西方的信託制度明顯在城市化及現代化進程中走上了制度化和專業化的台階，惟中國的義莊制度則維持在鄉土、保守和家族本位的位置上。儘管如此，我們卻不難發現，信託制度與義莊制度之間，其實有着理氣相通的一面，並具有以下若干共通點：其一是慈善事業以家族或個人為本位；其二是家族利益受到一定保障；其三是積累道德資本與家族掛鈎；其四是制度運作帶有永續發展的色彩。正因如此，若能有效運用，結合義莊制度與信託制度，必可為當前中國綜合國力進一步提升，並在推動民族復興的發展道路上作出巨大貢獻，而更加重要的，則是可在慈善救濟，甚至是弘揚社會正義、人道主義與帶動社會變革等方面，給全人類作出更多貢獻。

香港中西結合的特質與家族慈善的研究

十九世紀三十年代末，自歐洲踏浪而來的西方強國英國，與當時被視為東方大國的滿清皇朝因為鴉片問題爆發戰爭，昧於形勢的清兵以刀劍迎擊船堅砲利的英國，一敗塗地、全面潰敗，可說是必然結局。接着則是城下之盟的戰敗賠款、開放通商口岸與割讓土地的不平等條約，在中華大地上偏南一隅且屬彈丸之地的香港，便在這樣的東西力量碰撞格局中割讓為英國殖民地，從此進入一段十分特殊的歷史，書寫了日後的傳奇。

綜合各種資料顯示，自 1841 年開埠後，香港殖民地政府一方面引入西式制度，包括政治、司法、經濟、社會和典章體制等，但同時又沿用大清律例與中國民間傳統，令香港可以在「二元化法制」的司法框架下（蘇亦工，2000），按發展需要「兼取兩方之長」，從而可更有效率和更靈活地發展起來。由於社會可長期保持穩定，經濟自然能不斷發展起來，因而可更好地其發揮其中西貿易樞紐與溝通華洋交往的角色，結果除了令香港由小漁村發展成國際金

融大都會，更令無數人可在此打拼事業，過上不錯的生活，民間財富亦能持續積聚起來。

社會前進的過程，總會碰到幸與不幸，亦有順或逆、貧與富、強和弱的問題，殖民地政府本質上只着眼於強化統治，藉推動經濟與生產以攫取財富，不會花自己的資源和精力於扶弱助困的社會福利之上，因而促使了民間連串自救自助行為，慈善組織如東華三院、保良局及樂善堂等的陸續出現與不斷壯大，為老弱孤寡等提供支援救濟，發揮了傳統鄰里鄉黨的互助精神，至於無數個人或家族利用本身積聚的財富，成立慈善信託基金，在照料子孫後代之餘，參與社會公益，則成另一股不容忽略的慈善公益力量，兩者均令香港可以逐步打造成具人道主義關懷的溫情社會。

事實上，若果我們從慈善信託基金在香港這個英國前殖民地的發展過程中看，尤其會發現，初期呈現了義莊制度和信託制度兼收並蓄的情況，後來則因信託制的法律保障與管理不斷完善，令信託制度更為突出，反而義莊制度的發展則相形見絀，停滯不前，令信託制度更受富豪巨賈的歡迎，他們不但以之作為更有效保障後人的工具，亦利用其發展慈善事業、遺愛人間，從而成為積累道德資本的堅實基礎。

細心一點看，又不難發現，慈善信託之所以能在香港興起，乃眾多因素相互配合的結果。最主要的當然是經濟持續發展之後民間財富不斷積聚，為慈善基金的發展提供最堅實的基礎。即是說，有了金錢之後，必須為如何更好與更有意義地「花錢」尋找更佳出路，慈善信託則切合這一重要需求。其次是香港的金融中心地位，既有助財富管理，又有多方面保障。有助財富管理是指投資產品多元，投資透明度高，專業支援充足；多方面保障除了指資本流動自由和產權界定清晰、具保障外，更與金融保密指數高踞全球前列有關。

當前中國內地經濟不斷發展，民間已積聚巨大財富，而且到了必須為更好與更有意義地「花錢」作深入思考階段，香港的發展經驗，正好可提供更好、且更加切合文化底蘊的參考和借鏡。筆者相信，社會制度不同於自然科學的定律，可以放諸四海皆準，所以必然會有地理、歷史、文化及社會條件等差異，在引入外來制度與安排時，若不作調適，很容易會產生操作上的問題，與本身的歷史、文化和社會特質相排斥，輕則會令人有衣不稱身的感覺，重則會帶來災難性後果，不可不察。

為了更具針對性地探討中國義莊制度與西方慈善信託制度的發展與特質，本書挑選四個不同時代具代表性的個案，作出系統而全面的分析。這四個重點個案為：

一、范仲淹家族的范氏義莊

二、盛宣懷家族的多個義莊

三、何東家族的多個家族慈善基金

四、邵逸夫家族的慈善基金

通過對這四個重點個案的研究，我們一方面可探討慈善信託基金制度在中國的悠久歷史和發展，尤其會指出當中的文化內涵與特質，進而分析中國的慈善基金制度如何與西方的慈善制度相碰撞和相適應；另一方面則會談談西方慈善信託基金制度的現代化，以及其給全球社會發展所帶來的衝擊。至於焦點則會集中於香港這個曾屬英國殖民地的國際城市，檢視中西碰撞下慈善基金制度的調適與發展，最後更會扼要地分析回歸祖國後的香港，在「一國兩制」的前所未見特殊制度安排下，產生了何種巨大發展空間，並會探討如何利用香港的現代化法制和穩定投資環境等優勢，引導民間財富投向慈善事業，做好財富管

理，同時又可更有效和更具制度化地處理家業傳承問題，讓民族復興可以走上光明與永續的大道。

誠然，對於以上四個家族的歷史與發展，坊間雖有不少介紹和分析，但稍欠全面，且尚沒有集中於探討家族慈善信託的專題，亦鮮有從中西比較與現代化角度入手，更遑論會以宗教信仰和文化根源的角度，分析金融資本如何與道德資本相結合，並指出香港可如何在中國崛起的重大時刻，以其特殊位置配合這一民族復興契機。本研究希望填補當前學術界在此領域的不足，尤其希望能從家族傳承與永續發展的視野，提供別開生面的思維與選擇。

要更好地了解和分析本書的四個重點個案，研究資料的蒐集，可謂至為關鍵。雖然這四個家族仍有不少子孫後代，有些甚至仍有巨額財富與巨大社會影響力，若能與他們進行深入訪談，必然能夠為我們提供寶貴的一手資料，豐富本書的內容與分析。可是，我們又必須承認，要與他們取得聯絡，並得到他們首肯，進行深入訪問，實在一點亦不容易。就算他們的後人同意訪問，亦未必能提供太多有用資料，因為他們的家族均歷史悠久，他們對先輩創立事業和經營慈善信託的歷史與背景未必了解太多，而家族中人的訪問，一般而言又多會一面倒地「唱好」，鮮少作出批評或揭示內部矛盾與不足，這樣反而無助客觀中立和全方位的分析與評論。

考慮了眾多因素後，本研究決定從檔案資料的蒐集入手，在內地、香港，以及海外各大檔案館中，尋找與這四個家族有關的一切檔案資料，再從中抽絲剝繭，梳理這些家族的發展歷程，以及慈善信託基金的創立背景、具體運作、自設立以降的各種挑戰與遭遇等。除此之外，我們亦會參考這些家族的成員和相關人士的傳記、回憶錄、商業營運文件、投資記錄、官職履歷，以及各種相

關的評論和記述等，以豐富本書的內容和分析。

我們認為，依靠文獻資料的分析，儘管有其不足與局限之處，但同時亦有其獨特優點，例如所述總是有根有據，分析可以更為客觀中立，而事件的來龍去脈更容易掌握與核查等。基於此，本書的資料來源和參考，以檔案為核心，再輔以坊間不同層面的記述和多角度分析。至於分析時則會重點檢視慈善信託安排是否成功、發揮效果是否達標，相關家族又能否永續發展等關鍵點。

世界上的文明古國，都曾走過崎嶇曲折的道路，中國由傳統走向現代的歷程，當然亦不例外。香港在近代史上的地位和角色，恰恰見證了中國綜合國力滑落、屢遭外侮，再重新走向復興的曲折路途。利用家族慈善信託制度如何發展與變化的切入點，不但可以折射中西不同宗教信仰對於追求不朽與延續傳奇的不同道路與選擇，並可更為具體地呈現出制度的轉變與價值觀念的碰撞，這對全球化年代中國家族如何走得更穩、更遠，應具有啟發作用，亦具有重要的意義。

結語

毫無疑問，歷史前進軌跡與文化基因的不同，影響了不同社會的發展方向與追求不朽或永生的努力。通過對歷史和文化的分析與比較，我們不難看到，中西文化之間的根本不同，以及在某些層面的重疊與碰撞，然後在進入現代社會以來的彼此吸收、互補長短。至於義莊制度與信託制度在香港這個前英國殖民地的發展和調適，既反映了文化和歷史的互動糾纏，亦說明社會的不斷發展為創業垂統、永續發展，締造更為有利的條件。正因如此，若果我們將香港的特質和條件，放到如何確保家業永續問題上思考，則可更為清晰地看到，由於

信託制度與中國文化中的祖堂及義莊制度理氣相通，切合中國人以家為本、血脈至上的脾胃，又具有現代化的相對公開透明與專業管理等內涵，以及有助延續家族傳奇和蔭護子孫後代等多重特點和優勢，因而自上世紀五十年代以後逐步取代傳統的祖堂及義莊制度，獲得巨富世家的垂青。

無論是本書將重點探討的范仲淹家族、盛宣懷家族、何東家族、邵逸夫家族，乃至其他因本書篇幅有限未能談及的家族，對於他們而言，以血汗積累下來的財產，辛苦打下的基業，得之不易，因而必然會搞盡腦汁、花盡心血以思考如何才能代代相傳、永續發展的問題。簡單而言，這不外乎三個途徑或選擇：其一是全數留給子孫親屬，其二是全數捐作社會公益，其三是按本身意願創立信託基金，部分用於照料後代，部分捐作公益慈善，弘揚大愛。

可以清晰地讓人看到，首兩個選擇似乎各走極端，既不符合中國文化所強調的中庸之道，又會產生「顧此失彼」的問題，財力雄厚的家族一般不願接受這樣的局面，反而「第三條路」則明顯可以兩全其美，尤其可以呼應傳統社會發財立品，藉施善教化積累道德資本，以福蔭後代的哲學和倫理。所以一代名相范仲淹曾說：「國家之事，莫大於恤民；世間第一好事，莫如救濟。」（夏東元，1988：161）正是這個道理。至於他身體力行地創立了范氏義莊，在照料子孫之時，恤民濟世，不但為他贏來名聲稱譽，更為後世豎立典範，所以可在歷史上長垂不朽，又為家族積累雄厚道德資本，有助子孫人生事業的發展。

可惜，祖堂和義莊制度長期只以文化傳統及社會道德為支撐，未能如西方社會般建立一套能夠促使其高效運行的司法體系和社會環境 —— 例如公正持平的法治原則、保障私產的規章、資訊及資金的自由流通，以及社會的長期穩定等，更不用說尚未建立起成熟的金融體制和有利投資融資的土壤，讓信託制度獲得持續發展的動力。

　　然而，偏南一隅且屬彈丸之地的香港，則在近代世界歷史前進的過程中抓緊了機會，並利用本身的特殊性，令祖堂和義莊制度與信託制度相融和吸收，從而發展出一套既能切合華人社會需要，又可與西方 ── 主要是英美為主導的英格魯撒遜 ── 法制互通的制度，加上香港回歸祖國懷抱後實施史無前例的「一國兩制」，讓其能夠延續其連結中外、溝通華洋的「超級聯繫人」地位，所以便能如巨大磁力場，吸引海內外富商巨賈的到來，將香港打造成亞洲乃至全球世家大族創業垂統的重鎮。

第 二 章

范仲淹家族的不朽追求

傳統社會的制度創新與發展

引言

因為「先天下之憂而憂，後天下之樂而樂」名句而傳頌千古的范仲淹，不但一生極富傳奇，由貧而貴，能文能武，但又仕途多變，常有波折。而他晚年的一項重要舉措 —— 創立范氏義莊，更令其子孫血脈、族人和整體社會受益千年，這項劃時代意義的舉措，不但突破傳統，更樹立了典範，成為後世學習模仿的對象。義莊制度無論在延續血脈、保護家族、救濟貧弱，乃至推動教育與穩定社會人心等不同層面上，均發揮着極為巨大的作用。

正因范氏義莊具有重要的歷史意義，尤其凸顯了古代社會由來已久的慈善救濟行為與仁義精神，儘管其行為背後蘊含了濃烈的血緣關係與宗族認同，對其進行深入而系統的剖析，必然有助加深我們對中國歷史上的慈善信託傳統、制度、演變和沿革等，有更為深刻和全面的了解和認識，更可為現今社會慈善信託制度的特質、發展，與未來應何去何從等問題，提供重要參考。至於當前中國財經實力不斷提升，企業及民間積累的財富亦達空前未見程度，如何更好地運用這些以辛勤勞動和汗水換來的資源，造福後代，朝可持續發展方向綢繆，范氏義莊所積累的經驗得失教訓，今時今日仍可引以為鑑。

范仲淹家族與范氏義莊

要深入了解范氏義莊的歷史與發展，必須先扼要地了解范仲淹的人生、經歷與思想。綜合歷史資料顯示，范仲淹生於 989 年（宋太宗端拱二年），卒於 1052 年（宋仁宗皇祐四年），字希文，謚文正，據說乃唐朝宰相范履冰後代。先世原籍山西邠州，後遷居江南，落戶蘇州吳縣，到范仲淹父親范墉之時則家道中落，范墉更於范仲淹出生不久去世，令家道衰落更快。范仲淹母親謝氏，

由於乃范墉庶室，在丈夫突然去世後失去了依靠，因而被逼改嫁朱姓人家，襁褓中的范仲淹因而跟隨母親進入朱家，並改姓朱，取名說。范仲淹自小聰慧，且十分懂事，悟性高，力學不輟，雖「只在和尚寺裏自己讀書」，卻能出類拔萃而成才（錢穆，1948：397），於 26 歲（大中祥符八年）時高中進士，一舉成名，並在知悉身世後取得皇帝恩准，認祖歸宗，改回原來姓氏（陳照榮，1987；李涵、劉經華，1991；范仲淹研究會，1991）。

自踏上出仕之途後，范仲淹便因表現卓著而步步高升，先後出任泰州西溪鎮鹽倉監督、大理寺丞、楚州糧料院監督及陳州通判等職。45 歲（景祐三年）時，范仲淹因敢言抨擊時任宰相的呂夷簡，「被誣薦引朋黨，離間君臣」，貶為饒州知州。後來，因為西夏侵宋，他奉召與韓琦同任陝西經略安撫副使，因帶兵打仗、抵抗西夏屢立戰功，之後重踏步步高升的台階。54 歲（慶曆三年）時，范仲淹登上仕途最高峯，擔任參知政事（副宰相）之位，並針對當時朝綱不振、官僚陋習嚴重，提出了歷史上著名的變法主張 ——「慶曆新政」（錢穆，1948）。

可惜，由於社會積習已久，官僚機構臃腫，加上變法觸碰到不少既得階層和保守勢力的利益，因而招來他們的強烈攻擊與羣起反對，甚至將范仲淹批評為背離祖宗意旨之人，令新政推行舉步維艱，最後更因失去宋神宗的支持而廢止，他本人更因「受誹謗」而再次被貶，退下參知政事的副宰相之職。在接着的歲月中先後於邠州、杭州和青州出任知縣之職，遠離朝廷的權力核心，並於1052 年（皇祐四年）因病去世，享年 64 歲。范仲淹育有四子：純宇、純仁、純禮和純粹，均有功名，在朝為官，獨當一面，其中次子范純仁更曾官至宰相之位，在官位職級上較范仲淹為高，可謂青出於藍（陳照榮，1987；李涵、劉經華，1991；范仲淹研究會，1991）。

　　就算是之後的子孫，其實亦能保持顯赫興旺，哪怕難以再官拜宰相，或是中舉為官的比率有所回落。例如，有學者在統計後發現，在范仲淹之後的七代子孫中，二、三、四代家族成員，能在政府中有官職的人數佔比（即為官人數佔某一世代成年人數的比率）高達 100%。接着的第五代至第九代，能夠在朝廷為官的比率迅速回落，例如第五代時下降至 52%，第六代為 17.6%，而第七代則只有 8.3% 而已（第七代有十三人，只有一人為官），到第八、九代時，更再沒家族成員能出士為官，顯示家族實力有了明顯的回落（Twitchett, 1959：118）。雖則如此，在之後的子孫中，卻又能夠中興，分支中能夠擁有功名，甚至出將入相者，實在大不泛人（詳見下文討論），所以在范仲淹之後的范氏家族，被視為屬於「一個可以自我持續的士紳階層」（a self - perpetuating gentry），其發展現象長久以來令人津津樂道（Twitchett, 1959：132）。

　　至於本文研究焦點所在，則是范仲淹晚年時（1049 － 1050 年間，皇祐元年，剛年過 60 歲）於家鄉杭州吳縣，將名下絕大部分財產 —— 田產千畝 —— 悉數捐出，[1] 用以設立歷史上極為著名的范氏義莊，作為族中公產，並用該批田產所得收入以贍助貧弱無依的族人，因這一設置不但用於族人「嫁娶喪祭等吉凶事故時，發給輔助費用」，同時亦用於救助「貧窘不能度日的鄉里、外姻、親戚」（陳榮照，1984：10），因而成為中國慈善信託制度的突破性創舉（Twitchett, 1959：100 － 101, 132 － 133），影響了後世慈善事業的發展，同時亦成為范氏家族可以延續傳奇的最突出亮點，乃觸發我們學術好奇，進行深入研究的關鍵。

---

[1]　此種行為在今天社會而言，應屬「捐身家」的類別了。

　　為了實踐以義莊設置協助族人和慈善救濟的目的，范仲淹一方面挑選族中賢孝子弟作為管理者，確保義莊有良好領導；另　方面又親手定下十三條規矩，作為義莊運作的指導原則與機制；至於設立義莊的主要用意，則在於贍族、收族和保族，以及救濟孤弱貧寡者，從而達致保護族人、凝聚族力、延續子孫血脈的重大目標（清水盛光，1956；陳榮照，1984；廖志豪、李茂高，1995；黃明理，2008；Twitchett, 1959）。對於范仲淹在年屆花甲之時創立范氏義莊一事，與他所處時代相去不遠的北宋名士錢公輔，在其著名的《義田記》中，有如下扼要的介紹：

> 范文正公，蘇人也，平生好施與，擇其親而貧、疏而賢者，咸施之。方貴顯時，置負廓常稔。之田千畝，號曰「義田」，以養濟羣族之人。日有食，歲有衣，嫁娶凶葬皆有贍。擇族之長而賢者主其計，而時其出納焉。

（錢公輔，1987：389）

　　由貧而貴、出將入相，歷經仕途起落，人生曾有不少波折歷練的范仲淹，到了晚年時，按理應是錦衣華食、以享清福，他的子弟門生據說亦曾勸他花錢到洛陽營建別墅，以安享晚年。惟他的回覆則是不要如普通世人般，只着眼於一己享受逸樂，反應想到子孫後代，思及宗族。他這樣說：「人苟有道義之樂形骸可外，況居家乎！……俸賜之餘，宜以贍宗族。若曹遵吾言，毋以為慮」（引自廖志豪、李茂高，1995：212）。反而最讓他引以為慮的，是如何確保家族這個被形容為「不斷運行的有機體」（continuous organism），能夠不因內外環境順逆跌宕變化而夭折衰亡的問題（Twitchett, 1959：100）。

由此觀之，在深思細慮後，范仲淹得出了寧可不要大屋別墅，讓自己安享晚年，而是將大部分俸祿用於瞻養族人、救濟孤弱。而這個「以睭宗族」的想法，據說更是早在他進入而立之年，財力尚未豐厚之時已萌芽生根的，可見其對於如何能更好地保護族人方面頗為牽掛。錢公輔（1987：389）接着這樣介紹：「初，公之未貴顯也，嘗有志於是矣，而力未逮者二十年。既而為西帥，及參大政，於是始有祿賜之入，而終其志。」

進一步的資料又揭示，范仲淹一心希望創立義莊的原因，主要在於：「祖宗積德百餘年始發於我，今族眾皆祖宗子孫，我豈可獨享富貴？乃置田數百畝為義莊」（引自廖志豪、李茂，1995：217）。顯示他對於自己能取得成就，既富且貴，並非覺得全是個人功勞，而是思念祖宗恩德，所以有了感恩之心。而學術界的分析，則指范仲淹本人早年的坎坷經歷，相信亦促使他晚年決定創立義莊。正如前述范仲淹仍處褓褓之時，其生父因病早逝，母親則因家貧無以為繼、孤苦無依，被迫帶着他改嫁，所以到他出人頭地後，不但認祖歸宗，亦會思考當中的社會及家族問題，最後則有了設立義莊的行動，藉以撫孤恤寡，救助無依族人（清水盛光，1956；陳榮照；1984；黃明理，2008；Twitchett，1959）。

促使范仲淹創立義莊的原因眾多，但清晰流露的，是他一方面具有強烈的「積德」觀念，覺得自己的由貧而貴，位極人臣，乃祖宗多行善舉所發揮的結果，所以自己亦要以祖宗為榜樣，多行善舉、積累功德，以蔭後代；另一方面又具有強烈的宗法思想，即是深刻地覺得本身乃祖宗的血脈延續，所以他亦要給自己的血脈子孫提供一定保障，兩方面的施善救濟思想、動力或動機，與西方社會具宗教色彩的慈善義舉可謂截然不同，凸顯他以確保血脈延續以達至人生不朽追求的目的。[2]

---

[2] 從范仲淹傳奇人生及創立義莊的努力來看，他實在獲得了「雙不朽」—— 即是不但憑着立言、立功、立德而落實了高層次的三不朽，更因范氏義莊的設立，令子孫血脈連延不絕，落實了普通層次的不朽。

義莊源流與宗法傳統

　　接着的問題是：到底義莊制度是否范仲淹所首創，抑或是早已有之的傳統習慣？這種制度又反映了何種中國歷史與文化特質？綜合各種資料與考據，我們不難發現，義莊這種具救濟與贍族色彩的行為，雖由來已久，但卻在范仲淹的大力推動，並加入具突破性新元素後才有了重大發展，並因此成為典範，吸引後來者學習，然後更在往後歲月中流行起來。

　　說施善救濟及贍養族人的行為由來已久，是因為相關的舉動，早在春秋戰國時代已有記錄，儘管那時在名稱上不是稱為義莊，嚴格來說更沒有甚麼制度。錢公輔在《義田記》一文中曾提及，早在春秋戰國時代的晏嬰，便已有了對三族（父族、母族、妻族）和賢士贍養救濟的行為，並因此令晏子獲得了「好仁」的稱譽（錢公輔，1987：390），顯示贍養宗族，乃至賢士的舉止，早已有之。

　　在司馬遷的史學巨著《史記》中，亦曾寫道：「（范蠡）朱公，以為陶天下之中。諸侯四通，貨物所交易也。乃治產積居，與時逐，而不責於人……十九年之中，三致千金，再分散與貧交疏昆弟，此所謂富，好行其德也。後年衰老而聽子孫，子孫修業而息之，逐至巨萬」（司馬遷，1975：1325）。顯示范蠡那種將自己近二十年間營商所得的財富「分散與貧交疏昆弟」的做法，與晏嬰相似，亦是贍族傳統，而范蠡亦因此贏得了「好行其德」的稱譽。

　　自此之後，歷朝均有類似的樂善好施贍族事跡，並散見於史書。台灣歷史學者黃明理（2008：27 － 29）所整理的「西漢至唐正史所載贍族事跡簡表」，更可謂十分扼要清晰地列出了已記入史冊的贍族救濟事例，其中西漢的蘇武、東漢的韋彪、魏晉的荀彧、羊祜，乃至唐代的李襲譽和王珪等，更屬最為突出且常被引述的例子，並充分地說明贍族救濟行為，在古代社會其實並非甚麼罕見事物，不少顯貴而有餘財的家族，皆樂於為之。

到了范仲淹的時代，贍族濟貧風氣更為濃烈，例子俯拾皆是，例如與范仲淹同年代的韓琦和他的夫人崔氏，便對贍族救濟一事十分熱心、意識甚高，韓琦這樣記錄其夫人的事跡：「（夫人）唯一釵之微未嘗在首，時質繒錢以濟諸親。琦每賑給宗族、暨周人之急，夫人必欣欣然贊助，惟恐不充。此天下之共知而婦人之尤難也」（引自黃明理，2008：31）。由此可見，自晏嬰而韓琦近千多年間，社會中的贍族濟貧義舉，其實並不罕見，且有漸趨流行之勢。

確實點說，無論是遠古，乃至北宋時期，發跡顯達族人給予條件較差，甚至處於弱勢的族人施以援助、救濟，乃至贍養，甚為平常。雖則如此，我們卻不難發現那種施善行為，並沒有制度化，很多時只是各人一時興之所致的舉動而已，帶有因財出力的個人化行為意味，亦較集中於族人而已。但是到范仲淹之時，他則在前人基礎上提出了具劃時代意義的制度性安排，亦將救濟目標擴大至鄉里及社會大眾，令義莊可以發揮更好效果，因而令更多人仿效，成為風氣（Twitchett, 1959）。難怪日本漢學者清水盛光（1956：37）會這樣介紹：「中國之義田即經范文正公在此種情形創置於北宋慶曆、皇祐之間。觀乎宋史，北宋時代在范氏義田之外，尚有吳奎、韓贄、向子諲等義田與義莊之事。」

至於更讓人感到意外的，則是這種流行在民間的制度，自范仲淹一代將之制度化後，即有了強韌的生命力，就算在經歷戰亂破壞之後，亦能生存下去。國防力弱的宋朝，不久即招來了金人南侵，然後又有蒙古軍的鐵蹄，連番戰亂與改朝換代，但歷經元、明、清各朝，范氏義莊卻能一直屹立不倒、輾轉發展，顯示了強韌的生命力。而社會中更續有仿效者，流風不絕，所以清水盛光（1956：48）反覆強調指：「自公（范仲淹）作始，吳中士大夫，多仿效而為之。」可見范仲淹給後世留下的，不只是儒學思想、先憂後樂名句，更有創業垂統的義莊制度。

　　若深入點看，我們不難發現，贍族救濟的義舉雖然古已有之，但卻是到了北宋時才因受到重視而流行起來，這種現象一方面反映了古代中國社會已有救濟行為與仁義精神，另一方面則與自宋一代起社會出現「世族門第消滅」，家族則「散漫無組織」的問題有關（錢穆，1948），因而激發了士大夫階層以天下為己任、關心社會、改革時弊的抱負和良知。創立義莊，令贍養族人和扶助貧弱的行為制度化，不再如過去般個人化，並成為提倡社會事業的重要組成部分，從而穩定社會，並可維護宗法傳統，更好地強化宗族、凝聚鄉里，避免族人遭受侵擾，鄉民失救濟，同時又可透過組織宗族鄉里的過程，尤其在提供社會福利方面發揮領導地位，因為這樣做的最直接效果，是可以填補政治上的退敗（Liu, 1957）。

　　更重要的，則是義莊制度揭示了中國宗法傳統中重視血脈的突出特質，而背後更深層次的問題，當然如錢穆（2001）所言，是因為中國人將不朽寄託於血脈延續之中。所以強調孝道，並將「無後」視為最大不孝，而救助接濟和贍養後代，自然亦與確保血脈延續觀念一樣一脈相承。至於利用義莊以收族、贍族、保族，則既有助追尋血脈祖宗的「同源一氣」，同時又可發揮彼此連枝共脈的感覺，強化宗族凝聚（黃明理，2008），因而能在那個時代引來不少人 —— 尤其士大夫階層 —— 的共鳴。

制度創新與永久延續

　　回到范仲淹晚年創立義莊的問題上。儘管在一己揚名立萬、榮華富貴之時，思及他人，以有餘之財贍養族人親友的行為古已有之，在同時代中亦大有人在，但論千百年間能夠有制度創新，尤其能夠突破「人死如燈滅」局限，令其贍族收族舉措可以永續下去的，則無疑以范仲淹為第一人，所以范氏義莊

被視為中國慈善信託制度的楷模，成為仿效對象（清水盛光，1956；黃明理，2008；Twitchett, 1959）。當然，一如前文提及，在范氏義莊之前，社會亦有贍族、收族、保族的舉止與傳統，但卻沒有制度性的安排，更談不上可以永續發展了。

　　一個有趣的問題是：到底甚麼叫義莊？Twitchett 的定義是：義莊「是一個以宗族名字持有的信託財產」（trust properties held in the name of a clan），而這些財產則是家族成員的慈善捐贈，並具有法律上的「不能讓渡」（inalienable）關鍵特質（Twitchett, 1959：98），意思是捐贈人不能就財產的運作與支配指指點點，或者是要求收回捐贈財產，而後世雖然對此制度及其法律地位有了五花八門的看法、分析與評論（朱林方，2014），但基本上肯定其創新與制度上的突破，尤其是約束家族後人侵佔或濫用義莊財產方面。所以清水盛光（1956：202）呼應說：「至所捐田畝，一體歸掌莊人經營，捐田之子孫，不得藉此干預莊務。」

　　據林慶彰考證，「義莊」一詞其實未見於范仲淹本人的記述，但見於後人為他撰寫的墓誌銘中，而他的兒子范純仁，在上奏宋英宗的奏書中，則清楚地說及義莊一詞，並下了一個簡單的定義：「切念臣父仲淹先任資政殿學士日，於蘇州吳長兩縣置田十餘頃，其所得租米，自遠祖而下諸房宗族，計其口數，供給衣食及婚嫁喪葬之用，謂之義莊」（引自黃明理，2008：19）。在范仲淹之前，儘管社會有相似的行為與傳統，但並無義莊的稱謂，更沒有甚麼操作機制與規範化的安排，遑論有何確保永續的方法了。至於范仲淹的重大突破，既在於提出了永續之法，用今天的話語是可持續發展模式，又在於確立一套具體運作制度，而家族人才輩出，並可在不同時代因應義莊的發展狀況輸財出力、優化運作機制，或是進行變革，破舊立新，因而令范氏義莊可持續不斷地發展下去，從而寫下中國義莊制度輝煌一頁。

　　首先，在確保義莊可以永續發展方面。范仲淹將捐贈的義田設立為「永久儲備」（permanent reserve），即是規定那些義田是不能轉售脫手的，用法律術語而言，即屬「不可讓渡」的信託財產，然後以這批義田所產生的經常性收入，用於慈善事業之上。正因如此，就算范仲淹去世了，他遺贈的田產，卻能發展成生生不息以養族人的宗祠組織，永續下去（a perpetual corporate cult group），更不用説其義舉影響了他的子孫後代和社會大眾，令更多人視之為榜樣，經常效法，作出捐獻了（Twitchett, 1959：101 － 102）。對於此點，錢公輔（1987：389）的評價更是一矢中的。他指：「公既殁，後世子孫修其業，承其志，如公之存也。」換言之，范仲淹雖死，他生前創立的義莊、留下的善舉，卻永留世間，傳頌千古。

　　對於范仲淹在那個年代能夠想出義莊的永續發展機制，其中一個説法認為與他深受佛教思想薰陶有關。范仲淹青年時期曾在僧舍讀書三年，平時又常與高僧往來，對寺廟管理其產業，尤其是視那些常住田為寺廟「永恆捐贈土地」（permanent endowments in land）的模式或體制十分了解，並參考了這一安排以創設義莊（Twitchett, 1959：102）。[3] 就算是范仲淹那種「先憂後樂」的思想，據余英時引述 Arthur Wright 的觀點，亦染有大乘佛教菩薩行的「未度己，先度人，願為眾生承受一切苦樂」色彩（余英時，1987：504），可見范仲淹的思想、哲學與行為，不但深受儒家影響，亦有不少佛家的影子。姑勿

---

[3] 對於 Twitchett 這一觀點，黃明理（2008：38）並不完全認同，原因是在中國古代社會，其實亦有類似的安排，並列舉了屯田制以駐守一地將士及職田制以養一地官員作為例子，所以他覺得范仲淹設立義田，並取其經常性收入以支持贍族救濟的慈善之舉，未必來自佛教寺廟常住用的概念。惟不可不知的是，屯田制與職田制乃朝廷官方安排，有政府保護，那些耕田在性質上屬於公產，寺廟的常住田和義莊的義田乃民間慈善財產，性質上屬於私產，且均屬他人捐贈之物，其性質、運作與管理截然不同，所以范仲淹在構想設立義莊時，參考了性質相似的寺廟常住田安排，實在並不為奇，更不用説寺廟的永續性強，不會如屯田或職田般因改朝易代與官員調派不同而轉變，因而更切合范仲淹在義莊設計上的永續思考。

論事實是否如此，范仲淹能夠在那個年代建立永續下去的機制，實在十分難得，而此機制自然亦成為長存不朽的關鍵。

其次，范仲淹還確立一套具體運作制度。范仲淹放棄將財產用於興建豪華住宅以安享晚年，而是悉數捐出以設立義莊的同時，還親自草擬了十三條義莊規條，要求負責執行的「掌莊人」跟隨，此十三條義莊規條日後更被次子范純仁置於天平山白雲寺的范文正公祠中。由於此十三條規條乃義莊制度運作的核心內容，對義莊日後發展具指導性意義，我們將之引述如下：

一、逐房計口給米，每口一升，並支白米，如支糙米，即臨時加折。

二、男女五歲以上入數。

三、女使有兒女，在家及十五年，年五十歲以上，聽給米。

四、冬衣每口一疋，十歲以及下五歲以上，各半疋。

五、每房許給奴婢米一口，即不支衣。

六、有吉凶增減口數，盡時上簿。

七、逐房各置請米歷子一道，每月末於掌管人處批請，不得預先隔跨月分支請；掌管人亦置簿拘轄，簿頭錄諸房口數為額。掌管人自行破用，或探支與人，許諸房覺察勒賠填。

八、嫁女支錢三十貫，再嫁二十貫。

九、娶婦支錢二十貫，再娶不支。

十、子弟出官人，每還家待闕、守選、丁憂，或任川廣福建官
　　留家鄉里者，並依諸房例給米絹並吉凶錢數。雖近官，實
　　有故留家者，亦依此例支給。

十一、.逐房喪葬，尊長有喪，先支一十貫，至葬事又支一十五
　　　貫；次長五貫，葬事支十貫；卑幼：十九歲以下，喪葬
　　　通支七貫；十五歲以下，支三貫；十歲以下，支二貫；
　　　七歲以下及婢僕，皆不支。

十二、鄉里、外姻、親戚，如貧窘中非次急難，或遇年饑不能
　　　度日，諸房同共相度詣實，即於義田米內量行濟助。

十三、所管逐年米斛，自皇祐二年十月支給逐月餼糧，並冬衣
　　　絹。約自皇祐三年以後，每一年豐熟，椿留二年之糧。
　　　若遇凶荒，除給餼糧外，一切不支。或二年糧外有餘，
　　　卻（疑；即之誤，原註）先支喪葬，次及嫁娶，如更有餘，
　　　方支冬衣；或所餘不多，即凶事同時，即先尊口，後卑口；
　　　如尊卑又同，即以所亡所葬先後支給。如支上件餼糧吉
　　　凶事外，更有餘羨數目，不得糶貨，椿充三年以上糧儲，
　　　或恐陳損，即至秋成日，方得糶貨，回換新米椿管。

右仰諸房院依此同共遵守。

皇祐二年十月

資政殿學士尚書禮部侍郎知杭州事范押

（原文來自《范集：義莊規矩》，引自黃明理，2008：41 － 42）

　　綜合這十三條義莊規條，不難看到初時的機制其實十分簡略，具體運作上則相當依賴「管莊人」（即執行人）的管理能力、自我約束和判斷。雖則如此，規條對置田收租的救濟方法：時間上有按年、季、月進行；次序上是先尊後卑，先族人、後鄉里、外姻、親戚；贍養標準是男女、婚嫁基本上一視同仁；救濟原則是凶荒喪葬時有特別安排等等，均有相當細緻的規定和說明。

　　更加不容忽略的，則是在確保家族人才輩出方面。或者是從自身傳奇經歷中得到啟示，范仲淹一方面明白到要令子孫賢孝、家族人才輩出，基本上不外乎三個方法，其一是教育、其二是積德、其三是凝聚族人，至於義莊的安排，則能配合這三個目標。扼要地說，利用義莊的制度，他除了利用義田經常性收入贍養族人和救濟，還另撥資源於興辦義學，聘請良師為范氏子孫提供優質教育，確保子孫後代能夠得到教育，啟發和培養才智，他甚至規定在義田中撥出部分資源，用於獎勵用心學習以考取功名者，支持家族後人積極上進，成為領導力量。

　　另一方面，他更以身作則，樹立一個忠君愛國、護族愛鄉的仁者榜樣，所以他寧可不要個人物質享受，而是悉數捐出個人名下財產，設立義莊，用於救濟貧弱、孤寡，造福後人，為子孫後代積累陰德。當然，他在言教身教並舉以教育子孫後代時，不但重視他們寒窗苦讀，以考取功名，亦十分重視他們的德行與修養，所以他的子孫後代多有出色，四子全部都科場官場兩得意，取得突出成績，在朝為官，甚少有耽於逸樂的紈絝之人。

　　正如前述，由於世族門第在唐末宋初遭受破壞，不但宗族組織散漫，更有弱勢宗族成員乏人救助照顧的問題，范仲淹因應時弊設立義莊，主要目的當然是贍養族人，扶助貧寡孤苦無依者，以免他們蒙受苦難，而此舉同時又可收到收納族人、保護族人的效果，因而可以達至團結宗族、凝聚鄉里的目的，令族人鄉人不致於顛沛流離、遭人看扁或欺負，從而可以收到維護社會穩定的重要效果。

作為一名享負盛名的儒者，范仲淹無疑十分重視孔子所說「古者言之不出，恥躬之不逮也」、「君子欲訥於言而敏於行」的道理，所以無論為官、推動變革，或是發表文章，均極為強調德行實踐（范仲淹研究會，1991）。撇除其他從政治學的行為舉止不談，若只集中於范仲淹創立義莊的做法上，亦同樣十分清晰地彰顯了「行道之儒」的哲學和價值觀念（黃明理，2008：14），而他能夠結合中國文化中「感念先祖而愛及宗族」的內涵與佛教寺廟管理「永恆捐贈土地」的概念，帶來制度創新，自然能夠開風氣之先，推動慈善公益信託事業進入另一台階 —— 儘管其背後思想脫離不了相對狹隘的宗法色彩與傳統（黃明理，2008：18；Twitchett, 1959：101 － 102）。

范氏義莊的起落興替和演變

從現實角度上說，范仲淹於晚年時草草創立義莊的舉止，只是一個具突破性的起步而已 —— 俗語說只是開了個頭而已，因為在那個缺乏法律制度保障的年代，義莊其實十分脆弱，若沒有內外強大力量的保護與支撐，很難經得起風吹雨打，更遑論可以延續達千年之久了，而范氏義莊可歷久不衰地發展下去的重要原因，除了有賴子孫後代薪火相傳、同心一德的共同努力，亦與朝廷及士大夫階對義莊的功在社會甚為肯定和支持有關，所以就算經歷了頻繁的改朝換代與戰亂交疊，仍能持續下去。至於其起落興替和演變，則可粗略地分為如下五個時期：創立期、興盛期、挫折期、中興期與取締期，當然在每個時期內，其實亦有不少起落變化。

一、創立期（1049 － 1060 年代末）

范仲淹草創義莊，並對其運作定下十三條核心規章，惟運作不出兩年，他即因病去世，因而難免給義莊發展造成影響，因為那時的義莊實在根基未穩、

制度運作尚欠暢順。幸好，他生前早已作好準備，委任了胞兄范仲溫作為義莊執行人，統管義莊事務，而范仲溫則在宗族中享有很高威望，所以可以有效號令上下，加上他為人處事謹慎踏實，因而可令義莊穩步前進。然而，范仲溫主持義莊的日子亦並不太長，只有四年多而已，便同樣因病去世，令主持義莊事務的重任落到范仲淹長子范純宇身上。

范純宇身體屢弱多病，執行力較弱，在他掌管下的范氏義莊乃出現了不少問題，包括濫用義田與派發無章等流弊，產生了義莊制度「漸至廢壞，遂使飢寒無依」等問題。可是，由於義莊中的規章並非法律條，不具強制性，就算遇有違反規矩的流弊，亦難以制裁懲處，因而令問題無從入手。1062 年，范純宇亦因病去世，家族的領導地位和義莊的掌莊人角色，落到次子范純仁手中。由於范純仁年紀輕輕便高中進士，為人又正派，享有良好名聲，加上執行力強，他成為家族與義莊掌舵人後，乃隨即針對義莊運作中呈現的問題作出糾正，為義莊的發展注入正能量。

范純仁糾正時弊的重要舉動，是於治平元年（1064 年）上書仁宗，針對義莊因屬非強制性安排，就算遇「諸房子弟有不遵規矩之人，州縣既無敕條，本家難為申理」，難以制裁懲處的問題，要求朝廷「特降指揮下蘇州，應系諸房子弟，有違犯規矩之人，許令官司受理」（陳榮照，1984：11），並獲仁宗接納，頒下聖旨，因而令義莊有了朝廷撐腰，不再只是一種宗族內由家規族規制約的私下安排，而是引入了公共或政府監察，有了更大的生命力（Twitchett, 1959）。用今天的話語則是有了法律的保障，令其從此走上了不斷發展的康莊大道，不再只是依賴個人自律與道德制約了。

二、興盛期（1060 年代末 － 1360 年代末）

范氏義莊的制度，自范純仁成為領導後，明顯更趨完善，而范純仁、范純禮和范純粹三兄弟均在朝廷為官，范純仁本人更曾官至宰相的高位，因而能給

義莊更多有利的支持 —— 包括無形的或有形的。所謂無形支持，當然是因為范氏昆仲在朝貴為大官所帶來的社會影響力、名望及地位；有形的支持則是指范氏第二代的昆仲曾多次完善義莊制度，並作出捐獻，增加了義莊的實力。在完善義莊制度上，自 1064 年范純仁上書仁宗，要求官府監督義莊後，他還在熙寧六年（1073 年）至政和二年（1115 年）的一段不短時間內，與兩名胞弟（范純禮和范純粹）先後對義莊規條作出了十次增補，令相關的制度進一步完善，減少流弊（Twitchett, 1959；陳榮照，1987）。

較為重要的例子如：范純仁曾分別於 1083 年及 1095 年兩次訂下新的義莊規矩，規定家族中人不能租賃義田，防止變相挪用義莊資產，又禁止典賣或抵押義莊資產，給義莊長遠發展帶來潛在投資風險。除此之外，范純仁一代還在義莊內附設義學，鼓勵族人讀書考取科舉，並且在制度上加強義莊管理，尤其在義莊中設了掌莊一職，統領義莊，並在其下設立主奉、提管、主計、典籍等職，確立了義莊的管理制度（王琛，1995：222）。即是說，范氏義莊在第二代的努力下，有了更為完善的體制，因而可以更好地發展起來（陳榮照，1984；黃明理，2008；Twitchett, 1959）。另外，范純仁等曾多次捐出義田或義宅等，充實義莊資產，例如范純仁曾於 1079 年捐出義田千畝，置於范氏義莊的發祥地天平山，壯大范氏義莊的規模與實力（陳照榮，1987；李涵、劉經華，1991；黃明理，2008）。

一如范仲淹的仕途和人生常有起落波折一樣，范純仁其實亦有類似的遭遇和經歷，因為宋代變法與黨爭問題此起彼落，幾乎令整個士大夫階層均捲入其中，難免影響了范氏義莊的發展。事實上，就算在范氏義莊興盛期的三百年間，也並非一帆風順，而是常有波浪起伏，惟除了改朝易代與戰亂頻頻而出現一些挫折，造成一些傷害外，其他時間基本上保持着良好發展。

必須指出的是，在這段興盛期的初期，范純仁與兩名胞弟范純禮和范純粹曾為義莊作出不少貢獻，尤其是當范純仁失意於仕途後，全心投入主持大局，令義莊可以繼續發展下去。由於義莊擁有為數不小的義田和義宅，提供的又不只是贈米的救濟，還有義學，對當地社會的貢獻，自然深受稱許。1109 年，范氏子孫中的范正卿，更捐出「香火田」（80 畝），其收入主要用於家族祭祀，紀念祖宗（黃明理，2008）。

范氏義莊保持良好發展之時，常受外侮的宋皇朝，卻在金人滅掉西夏後受到更大威脅。1125 – 1127 年間，金人發動了連番大規模侵宋舉動，1126 年時更直抵京師，擄走了徽、欽二帝，史稱「靖康之難」，北宋亡（錢穆，1948）。在其中一次戰火中，范純粹一脈更慘被消滅，至於范氏義莊亦在戰火中大受影響，損失不少，部分子孫被迫流徙他方。但總體而言，因吳縣並非主要戰場而沒有傷及元氣，令范氏義莊可以持續發展下去（Twitchett, 1959）。

北宋亡後，宗澤等大臣扶持康王趙構為帝，改元建炎，下開南宋的偏安政局，並繼續與金人對抗，力求收復失地（錢穆，1948）。在那個偏安政局中，范氏義莊自然繼續發展，其中的義莊主簿范良器一方面修葺受戰火破壞的義莊房產，另一方面則收回不少荒廢義田，恢復義田生產，因而可以保持其贍族救濟的慈善事業。接着的范之柔（曾任翰林編修），則續訂義莊規條，杜絕時弊，令義莊能夠保持良好運作與發展（黃明理，2008）。

到范良遂擔任義莊監簿一職時，則另置田收租，年約五百餘石，名叫小莊，以補義莊之不足。更值得指出的則是宋寧宗在位期間，時任吳縣縣官的潛說友，據說因為對范仲淹高風亮節的欣賞及對范氏義莊造福社會的肯定，於1206 年上奏寧宗，在吳縣興建文正公專祠，獲得了朝廷批准，並贈予田產 300

畝，作為支持文正公祠的發展，此舉自然又給范氏義莊注入更大的發展力量（黃明理，2008：107 － 108）。

南宋末年，由於常受蒙古人侵擾，范氏義莊亦難免遭兵火戰亂之災，受到一定程度上的破壞。1271 年，忽必烈在大都建國，是為元朝，惟南宋仍苟延殘喘，負隅頑抗（錢穆，1948）。雖然宋室危在旦夕，但范氏義莊基本上仍能夠保持穩定發展，時任義莊主奉的范邦瑞，更於 1277 年增置義田 150 畝，用於增設范氏義學，加大了義莊在興辦學校方面的力量和關注。至此，據清水盛光（1956：65）的統計，范氏義莊的義田總數，已多達 4,000 畝。到了 1279 年，陸秀夫背負宋帝昺於崖山跳海殉國，至此趙氏江山劃上了句號，惟范氏義莊則仍生命力旺盛，繼續發展下去。

元世祖忽必烈一統江山後，由於仍任用大批漢族官僚與儒士，又沿襲宋代的典章制度和儀禮制度，一度提倡儒學（錢穆，1948），因而令范氏義莊可以穩定和發展下來，不致因改朝易代而受到衝擊。不但如此，范氏義莊更因時任義莊提管的范士貴在朝廷中為官長達 38 年之久，成為范氏義莊保持興盛的中堅人物，不但推動了贈米贍族救濟的事業，亦擴大了義學的服務規模與層面（陳照榮，1987；李涵、劉經華，1991；黃明理，2008）。

值得指出的是，當董嘉儀擔任平江路總管時，他曾於 1304 年上書朝廷，「加封優恤范莊」，並「禁治一切徭役」，獲得准許，令范氏義莊仍可在地方上享有崇高地位。到吳秉彝接替董嘉儀為平江路總管時，則重修文正公祠，並奏請朝廷，將文正公祠易名為文正書院，獲贈田 300 畝，以其經常性收入支持書院發展（Twitchett, 1959：123 － 124；黃明理，2008：108 － 109），連串政府官員的助力，無疑又給范氏義莊帶來更大發展。

　　毫無疑問，自范純仁、范純禮和范仁粹等完善范氏義莊的各種制度安排，又在不同時期注入更大經濟動力之後，范氏義莊有長達三百年的興盛歲月，雖然其間曾經歷戰亂與朝代變更，但並沒有左右其前進與發展的步伐，可見范氏義莊在不同世代范氏子孫的共同努力和經營下，不斷獲得強化，已具有很大的生命力了（Twitchett, 1959）。

三、挫折期（1360 年代末 － 1550 年代末）

　　1368 年，元朝覆亡，明朝立國，從朱元璋稱帝至嘉靖三十五年這段長約二百年的歷史裏，范氏義莊可謂面對巨大挫折，歷盡劫難。扼要地說，元末朝政敗壞、天災四起，於是出現了羣雄並起、戰亂不斷的局面，范氏義莊自然亦備受衝擊。但更為嚴重的，則是朱元璋一統河山、社會恢復和平之後，於洪武十七年（1384 年）突然頒令沒收義莊 2,000 畝義田，此舉無疑大大削弱了義莊的發展力量。為何朱元璋會在那個時期對范氏義莊下狠手？學術界尚未有一致說法，其中一個揣測，是因為時任義莊領導人的范元浩沒有向朝廷納稅（Twitchett, 1959：124），但真正原因至今未明。

　　更令義莊受到致命打擊的，則是朱元璋還將不少范氏族人流放到外地，[4]這一嚴重懲處，不但令不少范氏族人蒙受親人離散之苦，又如「一盆泠水照頭淋」般澆息了范氏族人熱心公益、發展義莊的心志，同時亦嚇怕了其他願意給予范氏義莊提供支援的人。也即是說，明朝的開國皇帝，不但沒有如其他朝代的皇帝般對於范氏義莊的贍族救濟慈善公益給予正面肯定或支持，還一反常態地向義莊開刀，令不少范氏子孫被迫散居到別的地方，這給范氏義莊的發展帶來了極為沉重的打擊（Twitchett, 1959；陳照榮，1984）。

4　　其中有范純仁後代被流放到瀋陽，日後因支持清太祖順治入關滅明有功，出將入相，地位顯赫（趙爾巽，1998），令這個分支又成為范氏義莊中興的重要力量。

據黃明理（2008：108）的考據，胡暨和周忱先後擔任江南巡撫之時，曾協助范氏義莊追復早前遭典賣的義田和重修范氏宗祠，到況鍾出任蘇州知府時又重建文正書院，而范氏後人范希賓更曾置田 89 畝，惟這些看來均只屬小修小補、無關大局之舉，對義莊的發展明顯沒甚重大作用。據清人汪琬在范仲淹十七世孫范允臨墓志銘的記載，范氏義莊的田產，在明宣宗宣德五年（1430年）之時，銳減至只剩下三分之一而已，「至明季，僅存三之一」（引自陳榮照，1984：18），清水盛光（1956：65）的估計，則指明代時，義田減少到只有 1,200 至 1,300 畝左右，可見明朝初期對范氏義莊的巨大破壞。

進一步的資料顯示，吳縣縣令楊隆任內曾代義莊追回一些遭侵佔和典賣的義田，而江南巡撫劉孜更曾豁免義莊徭役，甚至重建文正書院的歲寒堂，算是給范氏義莊的發展帶來一些助力。但是，到了嘉靖十七年（1538 年），朝廷又頒下命令，規定義田須和一般民田一樣，課徵賦稅，這樣的做法，令義田幾乎破產，其中的原因，「或許是由於義莊本身的管理者不稱職，抑或由於官方對范氏義莊沒有好感」有關（陳榮照，1984：17－18），惟實情始終沒人知曉。

由於朝廷對義田的徵稅過重，到范惟一（范仲淹第十六世孫，進士出身，官至太僕寺卿）擔任義莊主監簿時，曾於嘉靖三十五年（1556 年）上書江南巡撫方濂，要求正視問題，給予減免課稅，方濂在奏請明世宗後獲得准許，對稅額作了一定比例的下調，自此令義莊的稅務負擔減少，可以逐漸恢復元氣。至於范惟丕（范仲淹第十六世孫，進士出身，官至光祿寺少卿）擔任監簿期間，則一方面重建宗祠，另一方面又獲捐一些私產，令義莊的資產重新有了一些增長（陳榮照，1987；黃明理，2008）。

綜合以上資料及發展觀之，自元末至明中葉大約二百年間，范氏義莊經歷了一段為期不短的挫折期，不少范氏子孫曾受打擊，甚至被迫四散，離開了蘇

州吳縣，轉到全國不同地方生活，這不但磨練了族人的堅毅意志，亦考驗其如何繼統傳宗的贍族、收族和保族決心。而此一命運轉折與傳奇，日後又成為義莊得以中興的重要助力。

四、中興期（1550年代末 － 1940年代末）

經歷了一段漫長而艱苦的歲月後，到了嘉靖三十五年，由於明世宗同意了范惟一的申訴，批准減輕了義莊持有義田的賦稅，令范氏義莊可以逐步走出低谷，日趨興旺起來，接着更迎來了近四百年的中興期，惟這個中興期的後部分 —— 尤其是鴉片戰爭之後 —— 則有近一百年的波折，原因與列強侵擾、國力衰退與內亂不絕有關。

明世宗之後，不但先後有減輕義田賦和稅徭役之政策優惠（例如陳度我任江南巡撫或傅光宅任吳縣令之時），亦續有捐資修葺范氏宗祠和書院之舉（例如邵陛和馬從聘先後出任監察御史之時），因而令義莊可以逐步恢復活力。至於最能助范氏義莊恢復發展動力的，則非范仲淹的第十七世孫范允臨給義莊做出大量捐輸的舉動莫屬（陳榮照，1984）。

范允臨乃范惟丕之子，萬曆年間（1595年）中進士，接着的仕途據說頗算順利，曾官至福建布政司參議，精通書畫，Twitchett（1959：127）指他先後於1625年及1631年連續兩次於橫涇涇、蔚門等地置田合共1,000畝，注入范氏義莊，被指是令義莊實力再次強大起來的重要人物（陳榮照，1984），范氏義莊因此逐步恢復了昔日光輝，有更多實力可贍族救濟。可惜，明朝自萬曆年後國力急速滑落，崇禎朝更天災頻仍，民變四起，最後招來滿人入侵，明亡。對於曾給范氏義莊帶來巨大傷害的朱氏皇朝倒台，范氏義莊顯然沒受到甚麼打擊，而是屹立不倒，不久更能再放光輝。

　　1644 年滿人入關，再度出現了異族統治中華之局，但卻沒如明初般給范氏義莊帶來近乎毀滅性的破壞。恰好相反，由於滿清明白到儒家文化有助統治，乃力倡儒學，順治十年（1653 年）更頒佈了「免祠田力役之徵」的聖諭，給民間義莊組織有了較好的發展氛圍，令范氏義莊獲得了更為良好的中興勢頭。其間，范允臨之子范必英（曾任翰林院編修）在出任范氏義莊主奉時，增修祖祠，並曾續定義莊規條十則，以糾正義莊制度運行太久所出現的問題。在范氏子孫的連番努力下，范氏義莊在清初已有了更為雄壯的實力，發展步伐已算十分穩健了。

　　更為重要的，是范氏的瀋陽分支，尤其是范文程一脈的崛起，他因在協助順治帝入關一事上立下戰功，乃得到重用。范文程育有六子，其中兩子范承謨和范承勳，更令范氏義莊有了更為巨大的發展空間。[5] 范承謨和范承勳乃范仲淹第十八世孫，[6] 前者曾任福建總督、浙江巡撫，後者則曾任福建總督，官至兵部尚書、太子太保，兩兄弟在康熙朝可謂出將入相、地位顯赫，因而給范氏義莊締造了很好和很有利的中興機會。他們先後捐出巨資，分別於 1673 年及1694 年重修范氏義宅，令范氏義莊名聲再響，備受社會重視；並憑藉着他們的名聲，令范氏義莊無論在朝廷或是民間，均受到重視。

　　正因如此，康熙帝於四十四年（1705 年）南巡抵達蘇州時，更曾親手疾書「濟時良相」匾額，賜予范氏義莊，歌頌范仲淹功績。此舉自然令范氏義莊

---

[5]　據趙爾巽（1998：9350）在《清史稿》中記述，范文程為「純仁十七世孫也。其先世，明初自江西謫瀋陽，遂為瀋陽人，居撫順所。曾祖鏓，正德年間進士，官至兵部尚書，明史有傳。」更為重要的是，范文程因屬范仲淹後代的名氣，令他獲得順治重用。「天命三年，太祖既下撫順，文寀（文程之兄）、文程共謁太祖。太祖偉文程，與語，器之，知為鏓曾孫，顧謂諸貝勒曰：『此名臣後也，善遇之！』上伐明，取遼陽，度三岔攻西平，下廣寧，文程皆在行間。」即是說，范文程乃范仲淹之後，此分支屬明初被流放者，而范文程助滿人入關，代明而起，表面看來與范氏義莊在明初曾受壓逼有一些不容低估的關連。

[6]　另一說指范承謨、范承勳兩兄為范仲淹第二十世孫（陳榮照，1984：18），顯示不同記錄有一些出入。

名聲再起，備受全國上下敬重。接着康熙帝又在五十四年詔令各州縣學習先聖，而范仲淹則被列為國家尊崇的聖賢之一（陳榮照，1984：19），與孔孟、朱熹等同列，社會地位之高，遠超歷朝，范氏義莊自然亦同咸其利，有了更上層樓的有利發展。另一點值得指出的是，當杜學林出任吳縣縣令時，他曾「嚴厲追討任何頑佃抗租」者，又「勘理鄰人侵佔義莊火㈼者」（黃明理，2008：108），以上連串舉止，有除弊去腐之效，又令義莊的資產及運作有了一番新的氣象。

到了雍正皇帝在位時，他曾發出聖諭，特別嘉許義莊善舉，鼓勵全國「置義田以贍貧乏」，顯示朝廷一心獎勵義莊政策，給予不少義莊的發展帶來鼓舞。到乾隆朝，在朝廷中曾任郎中一職的范安瑤，不但為范氏義莊注入義田 1,000 畝，又大力開拓義學。不但如此，范安瑤更「特聘任監督總與較理二職，訂定『增定廣義莊規矩』，對新設的義學即另訂『廣義莊勸學規矩』十六條和『文正書院會課規條』六條」（陳榮照，1984：19），將范氏義莊的發展推上另一台階。

綜合不同時期的統計數字顯示，在嘉慶二十年（1815 年）時，范氏義莊已擁有義田 4,892 畝之多（廖志豪、李茂高，1995：215）。到道光年間（1820－1850 年間），由於時任義莊主奉的范來宗曾一口氣另置義田 1,800 多畝，因而令范氏義莊的義田大增。據清水盛光（1956：67）的估計，那時范氏義莊的義田已多達 8,000 畝的高水平了。

清朝於道光中後期的鴉片戰爭戰敗後，遭到歐美列強的連番侵擾，被迫多次割地賠款、開放沿岸海港通商，令社會發展大局出現了前所未有的巨大變化，范氏義莊則一如既往地成為地區上一股穩定力量。其間，針對內外交困的局面與時代發展，清廷曾進行連番變革，可惜均沒法成功。1895 年甲午戰爭

中大敗於一直被視為倭寇的日本，更招來朝野上下更為深切的反省，並提出了更為全面的「戊戌變法」，希望力挽狂瀾。

可惜，變革尚未全面展開，即因碰到權力鬥爭而夭折，令清朝始終難以擺脫積弱之局。進入新世紀不久，清廷又老調重彈，再倡變法，可惜為時已晚，以孫中山為首的革命黨人已散佈全國各地，並在經歷多番起義失敗後，於1911年終於革命成功，推翻了滿清皇朝，中華民國創立（郭廷以，1979）。至此，范氏義莊再次面對改朝易代的變局和挑戰。

中華民國創立不久即陷於各方政治角力與內鬥，並沒如多數革命黨人所預期般令中國走上和平富強之路。恰好相反，全國各地旋即陷進了軍閥割據、內戰不斷的困局，因而給范氏義莊的發展帶來障礙，甚至舉步維艱。到蔣介石北伐成功，並基本上結束了分裂局面不久，卻又爆發了長達八年的抗日戰爭（郭廷以，1979）。由於日軍侵華的戰火遍及全國，沿岸地區破壞尤其嚴重，范氏義莊亦遭受了近乎毀滅性的破壞，不但族人四散、顛沛流離，義莊的財產與義田亦無可避免地遭到掠奪與侵佔。

1945年8月抗戰勝利後，不久，國民黨與共產黨卻又因爭奪統治權爆發內戰，直至1949年新中國建立才告平息。幸存的范氏族人才重回吳縣，范氏義莊亦才逐步恢復起來。對於1949年前的情況，有研究者這樣介紹：

> 范仲淹後裔在蘇州枝衍蔓繁。1949年前，蘇州范氏義莊仍具相當規模，並定期春秋兩祭，對范氏家族產生着極大的凝聚作用。最後幾任范氏義莊的執事人員情況如下：
>
> 一、義莊主奉（首席負責人）：范伯英，後去北平，1939年亡故於北平；范承昌（亞侃），直到1949年。

二、義莊棣管（掌家法、管教族人）：范子平；范承昌（後升
主奉）；范承通，直到 1949 年。

三、義莊主計（掌財物）：范玉蓀，直到 1949 年。

（朱明霞，1995：318）

概括而言，1550 年代末至 1949 年前近四百年光景裏，其間雖曾有改朝易
代與天災人禍，令范氏義莊的發展出現波折，但基本局面仍然是穩中每有突
破，而最為重要的經濟基礎 —— 義田，更錄得了不錯增長，令實力不斷壯大，
此點實在可以有力地說明義莊基本上是走在一條正確的道路上。

五、取締期（1949 年）

正如前述，1945 年 8 月中，抗日戰爭最終取得勝利，惟和平不久，國民
黨與共產黨之間再次因為爭奪統治權而爆發內戰，而這次的結局則是看似實力
無匹的國民黨迅速潰敗，反而不被看好的共產黨則大獲全勝，將國民黨驅趕到
台灣，獲得了中國大陸的統治權，然後宣佈成立了中華人民共和國，中華大地
上再次出現了改朝換代的歷史性局面。

與過去朝代更易不同，新中國成立後，實行社會主義制度，取消私有產權制
度，將所有土地收歸公有，令依託在義田上的范氏義莊戛然而止，結束了歷史使
命。有學者這樣介紹：「1949 年以後，蘇州范氏義莊的田產，在土地改革中沒收，
一切經濟來源斷絕而停止活動，但仍有人對某些事務承擔約定成俗的責任」（朱
明霞，1995：318）。即是說，到新中國成立，共產黨宣佈在全國實行廢私產、
改公產的土地改革政策後，自范仲淹於 1049 年設立的范氏義莊，在經歷了剛好
一千年的綿長發展之後，於 1949 年便令人遺憾地突然劃上了句號，結束了「一
段比中國歷史上任何一個王朝生命都要長久」的傳奇（黃明理，2008：53）。

　　儘管范氏義莊自 1949 年之後退出了歷史舞台，但「千載而下尚因其賜而得血食不斷」的范氏子孫（宋念慈，1956：3），卻沒因此斷絕，而是繼續綿衍、開枝散葉，在接着的歲月中，於不同地域與不同崗位上，一如其先輩般憑着本身的才能、識見與修養各展所長。到了 1989 年，范仲淹研究會在蘇州舉行紀念范仲淹誕生一千周年的學術交流活動，吸引中外不少研究者參加。據其中一位研究者暨參與者朱明霞的接觸和觀察，加上蘇州市政治協商會議的透露：「（當時）范氏後裔中最小的已屬於范仲淹的三十二世孫，最年長的為二十九世孫。目前（1990 年代），范仲淹後裔已遍佈五湖四海，並遠達海外，在各種崗位上為人類事業作出不同的貢獻」（朱明霞，1995：320）。

　　進一步的分析資料顯示，自范仲淹之後，由於經歷多番朝代更迭與逃避戰亂的遷移，其子孫血裔已不再局限於蘇州吳縣，而是遍佈全球了。朱明霞（1995：318 - 320）將之分為「八個羣塊」：其一以蘇州為核心，輻射上海、杭州等地；其二為四川支，散佈江安和興文等縣；其三為雲南支，散佈於威信和鎮雄等縣；其四為貴州支，散佈於織金、清正、懷仁等縣；其五為豫皖支，散佈於伊川、碭山和渦陽等縣；其六為閩粵支，散佈於上杭、惠州及潮州等縣；其七為台灣支，散佈於淡防、竹塹、中壢等地；其六為海外支，人數較零散，沒有確實分佈地。即是說，雖然范氏義莊在 1949 年後已經不復存在，但其血脈後裔，則不但在中華大地上繁衍四散，就算在海外，亦有了他們的足跡，已非范仲淹一代時只集中於蘇州一地，而是遍及全國，甚至全球了。

范氏家族創業垂統的行動與思考

　　對於范氏義莊可以代代相傳，經歷千年而不墜，學術界過去自然極為關注，而過去的重點則在於尋找當中的原因所在，並粗略得出了義莊的成功得天

獨厚，一方面因家族世代人才輩出，可以官至一人之下萬人之下，因而可以爭取朝廷注入田產與保護；另一方面因蘇州乃富庶之地，人傑地靈，因而可更好地支持其發展；還有社會受其利他主義情操所感染，因而常給予援手，令其可以有得道多助之效等眾多因素（清水盛光，1956；陳榮照，1987；廖志豪、李茂高，1995；黃明理，2008；Twitchett, 1959）。

但是，以上的關注點卻非本文思考和探索的方向，我們所關心的並不是義莊這一組織本身的存亡盛衰，而是主導這個組織的家族，乃至其子孫血脈的傳承延續，以及由此反映的文化與傳統特質。即是說，本文希望探討的問題是：第一，如何能夠凝聚家族上下，令其不致於四分五裂？第二，如何能夠確保家族長盛不衰，江山代有人才出？第三，如果真有福陰德行這回事，如何能將之傳給子孫後代？第四，更為核心的問題是，這樣的價值觀念、思想和意識到底反映了怎麼樣的一種文化內涵？

對無數中國家族而言，如何凝聚家族上下，不致四分五裂，無疑乃最為困擾的頭等大事，因為一方面中國文化強調多子多福、開枝散葉，另一方面又採用諸子均分制度，兩者均容易激發內部分裂（鄭宏泰、高皓，2016），而當家族生命週期發展至兩股力量重疊之時 —— 往往是兄弟眾多一代各自婚後育有多名子女，且已屆成年之時，便無可避免地會觸發家族分裂，令辛苦積累的家族財產面對被瓜分攤薄的局面，在資源匱乏的年代尤其會削弱家族的經濟基礎，窒礙家族的持續發展動力。

范仲淹針對此點而開出的良方 —— 義莊制度，便有助化解諸子均分的內部分裂危機，以免削弱家族經濟基礎。儘管這樣的安排表面上令子孫血脈沒法分享范仲淹的遺產，生活得不太豐盛充裕。但事實上，因為義莊中有不小比例

的資源，會用於支持本身子孫的生活、教學、科舉及祭祀祖宗等，所以家族親人不會因此失去基本的照料，反而能激發他們必須自食其力、減少依賴，亦較小養成奢華淫逸的不良習性，有助培養家族內部的積極與正面力量，減少紈絝子弟的出現。

更為重要的，則是當義莊變成了制度，甚至有了官府的保護、社會的背書，則有了本身的生命力，而其致力助孤扶弱的善舉，不但有助凝聚家族上下，避免如無數家族般因為分家產而弄致四分五裂，同時更可團結宗親鄉里。另一方面，家族更可透過慈善服務提升家族名望，進而樹立地位，並促使家族中人團結，以贏取社會名望及領導地位，這正是劉子健所指，利用義莊的慈善事業，組織宗族鄉里力量，士大夫階層可以「發展在社會福利上的領導能力，以補政治上的退敗」的核心所在（Liu, 1957）。

當然，若從另一角度看，一個健全且運作良好的義莊組織，實屬強而有力的重要平台以團結家族上下，因它一方面可以為家族創造更好的共同生活條件，同時從共同經歷中孕育福禍與共的感覺及意識，因而更能凝聚家族上下。反過來說，任何一個大家族，若然子孫們沒有共同生活的平台或環境，便很難奢望他們可以孕育出命運共同體的感覺或情懷，而若果沒有同一屋簷下的一家人感情，當觸及利益時，便會有分歧，傾向從維護本身利益激發紛爭，導致四分五裂。現時不少香港大家族常有爭家產的官司，當中原因，不少便是親情淡薄，大家天各一方，散居世界各地，自小已在不同社會與文化環境中成長和接受教育，沒有共同生活的交往與經驗，甚少接觸，可見共同生活條件在維繫親人及家族感情方面其實十分重要，不容低估。

所謂共同生活條件，其實正是古代宗法制度的核心組成部分，但是因為朝代更迭、戰亂頻仍，加上社會急速變遷等，令其難以維持而已。若綜合一些歷

史記載資料，則不難發現，在宗法制度下，世家大族的共同生活條件，一般包括了如下四個部分：

一、祠堂：一個共同祭祀祖先的場所，並以此作為精神聯繫的紐帶；

二、族產：一定數量的家族公有財產，並以此作為支持族眾生活的物質基礎；

三、族規：一種作為族眾共同遵守的規章，並以此作為約束族人行為的準繩；

四、族長：一位統領家族的領導人物，並由他執行族規、主持祭祀、保護族產，並帶領整個家族不斷發展。

（陳榮照，1984：4）

至於利用義莊建立起一個具有生命力的組織，則不但可提供以上四種條件，更可防止核心資產被攤分、削弱。同樣不容忽略的，則是義莊可以作為興學弘道、培育人才的重要工具，為確保家族「江山代有人才出」創造有利條例。

眾所周知，在培養子孫成才方面，傳統的做法自然是各家因「財」施教，即因應本身財力強弱為子孫提供教育，惟這樣則會因為各房賢與不賢、富與不富等因素，作出不同的安排，因而得出不同結果，如某些族人或房 ── 因貧窮、短視、無知等，未能給予所有子孫後人一視同仁的教育機會，窒礙了發展機會。作為過來人的范仲淹，便是很好的例子，若非母親改嫁，他很有可能難以生存下去；就算是跟隨母親改嫁後，若不是懂事自覺，意志不凡，發奮「在和尚寺裏自己讀書」，亦很難想像日後可以學有所成，進士及第（錢穆，1948）。

　　可以想像，在那個沒有現代社會福利保障的年代，如何能給族人及子孫後代最基本的教育與生活照料，支持家人、族人的生存，然後挖掘人才，確保家族「江山代有人才出」，范仲淹肯定經過一番思量，從最後設立的義莊制度與各項安排來看，他明顯地採取了利用義莊組織的「嵌入式」設計，以落實興學弘道的目標。

　　「嵌入式」設計，簡單來說，則是在義莊的經常性收入中，撥出指定比例設立義學，為子孫及族人提供基本教育，而同時又推出一些特殊措施，作為誘因，用於鼓勵族人和子孫努力以考取功名，其舉動或安排既可達至「普及」族人與子孫教育的目的，又可支持某些出色者挑戰自我，登上更高事業階梯，兩者均有確保家族內「江山代有人才出」的功能，這設計在那個年代而言，不可謂不是突出的特殊安排了。至於范仲淹的子孫後代確實屢有賢子孝孫，獲得功名者更是多不勝數（Twitchett, 1959），反映這種制度設計明顯收效。

　　傳統民間智慧總是認為，行善積德，有助消災解難，帶來好報，尤其可以福澤後代、蔭護子孫，這種思想雖然有其一廂情願唯心主義的局限性，甚至染有迷信色彩，但卻歷久不衰，因而又可十分直接地說明慈善義舉確實有其正面社會功能與作用，起碼行善能讓人覺得心安，帶來快樂。雖然學術界未有科學而毫無爭議的行善與報應之間因果關係的研究，但因施善與救濟獲得個人名望、社會地位等論述，則可謂汗牛充棟（梁其姿，1997；譚家齊，2005）。其中一種說法，是慈善義舉有助提升施善者的道德資本，因而令施善者可以贏得尊敬、號召羣眾（Bremer, 1994；Ostrower, 1995；Lloyd, 2004），進一步說則整個社會因此有了更為龐大的軟實力（Bishop and Green, 2008）。

　　若從道德資本的角度看，一直高呼「先憂後樂」的范仲淹，很可能因為本身能站在道德高地、享有名望與尊重，深刻地想到必須讓這種難能可貴的東西，傳給子孫後代，而義莊制度的設置則必然會吸納子孫後代參與其中，令他

們可以憑此逐步建立起他們本身的名望與社會地位。[7] 至於若有出色的子孫後代能以范仲淹為榜樣，在力所能及下作出慷慨捐獻，自然更有助義莊的發展，同時亦有助提升他們的名望與社會資本。而更為重要的，則是整個家族亦能因為義莊的不斷發展同咸其利、同沾福蔭。這樣自然能給家族的持久發展帶來更多正能量，或者說是另一層面上的積累功德。范氏義莊歷經千年，子孫後代人才輩出，且多能享有良好名聲，少有不肖子弟，可說乃道德資本無比雄厚，並可全面發揮作用的最有力說明。

若我們拿范氏義莊這種慈善義舉行為，與同年代的西方慈善救擠行為作一簡單對比，范氏義莊歷經千年的發展歷史，所凸顯的最大特質，無疑是重視家族、強調血脈，至於最為關鍵之處，則是將延續血脈作為不朽的最重要人生追求。這與基督宗教文化藉爭取獲得神的救贖以得永生的信仰，截然不同。正因中國人所追求的不朽在於血脈延續，家族及宗族乃成為最必須照料和保護的對象，同時亦是推動慈善義舉的最關鍵單位或力量，而范仲淹之後的歷代子孫，又能代代相傳，目標一致地為義莊作出努力和貢獻，因而令義莊可以持續不斷地發展下去，直至新中國成立。到了今天，雖然距義莊被取締已近七十年，但其傳奇故事仍發着光輝，讓人津津樂道。

結語

贍族救濟的行為，實為傳統中國社會所固有（黃明理，2008），到范仲淹時特別設立義莊，將之制度化，此舉無疑極具突破性，既能因應傳統宗族制

---

[7] 對於范仲淹高度重視個人名聲與行善積德，除了表現在創立義莊以推動慈善救濟不遺餘力外，他在不同層面的行為舉止，亦表現得真心誠意。其中一則令他長期受人敬重的傳說，指他在蘇州城買了一套大屋，一個風水先生看後盛讚該屋風水極佳，指後代必出公卿。范仲淹聽後，覺得既然該屋風水能使後代顯貴，不如改為學堂，讓蘇州城百姓的子弟入學，這樣眾人的子弟便都能賢達顯貴，較自己一家的子弟貴更為有益，因而將該屋捐出，改建為義學（張圻福，1991；淨空，2014）。此說是真是假雖不得而知，但後世樂於傳頌，其實說明了利他義舉的道德力量，不容低估。

度破壞而提出有效替補組織，令義莊與宗法制度有機地結合起來，凝聚宗族之餘，又可避免家族財產因分家而削減、流失，同時亦有助其在鄉里社會中樹立名望與領導地位。促使他這樣做的原因，雖然有其自身經歷和遭遇的特殊性，但亦有歷史與文化背景所驅使，而說到底則是他一如無數不同時代的士大夫階層，乃至普羅人民般，將人生最大追求的不朽，投放在確保子孫血脈不絕之上，慈善救濟則以祠堂，或是更有條件的家族義莊為主體，而非西方基督宗教文化下將人生最大追求寄託在神的救贖之上，慈善救濟則以教堂為主體。

　　對於中國文化的不朽觀念與西方在基督宗教文化的永生觀念差異，錢穆如下一段說法，可謂深刻地道出了東西核心文化的最大不同，此點實在亦可作為范仲淹創立義莊，其後人又戮力以赴，為支持義莊發展出錢出力的註腳，現謹引述如下，為本文作結。錢穆這樣說：

> 我們用這一個觀點來和西方思想作比較，則西方人的不朽，在其死後到別一個世界去；中國人的不朽，則在他死後依然留在這一個世界內。這是雙方很顯著的一個相異點……西方人觀念裏，人生常在上帝的愛顧下活着，而東方觀念裏，則人生常在同時人乃至異代人的愛顧下活着……西方人求他死後靈魂在上帝心裏得其永生與不朽，東方人則希望在其死後，他的生平事行思想留在他家屬子孫或後代別人的心裏而得不朽。這又是東西之異點。

（錢穆，2001：10 – 11）

　　由是觀之，中國文化強調血脈至上、家族本位，雖有惠及鄉里、社會，但佔比明顯較小，此點明顯成為中國走向世界的短板，必須正視。

第 三 章

盛宣懷家族的不朽追求

由傳統走向現代的際遇

引言

在帝制時代，范仲淹因為創立范氏義莊而名揚天下，不但家族血脈可以綿長不斷，更是人才輩出，既富且貴、有權有勢不在話下，在朝為官、出將入相者亦大不乏人，所以呈現一個子孫人多勢眾，家族地位一時無兩的特殊現象。這令不少士大夫階層十分羨慕，極欲仿效學習，取其所長，為我所用，期望自己的家族亦能長保富貴、子孫綿衍。由是之故，自宋以降，不少官賈家族，乃至平民百姓在力所能及之下，總會設立或大或小的義莊，保障家族後代。

由於中國文化早熟，帝制時代又呈現「一亂一治」周而復始「超穩定」的發展格局（梁漱溟，1963）。自范仲淹之後，雖然朝代更迭不少，戰亂時有發生，但因文化底蘊沒變，祖宗崇拜信仰不改，強調血脈延續以傳不朽的追求亦原封不動，義莊制度自然亦在那個「超穩定」的社會體系中代代相傳 —— 雖然其間難免因外部際遇變化與家族前進路途順逆等問題導致起落跌宕，惟這種局面到了十九世紀卻因中西之間鴉片戰爭爆發產生了前所未見的變化，其影響不但只是國家民族文化的存亡盛衰，更牽動了無數大小家族的延續與命運。至於盛宣懷家族的遭遇，恰好反映了這個重大歷史變化。

中西碰撞下的家國發展與延續

在信奉基督宗教的歐洲，自走出黑暗世紀，經歷文藝復興和宗教改革後，科學、科技興起，令社會出現了脫胎換骨的變化，其中的航海大發現，與連串科技發明，更令原本只屬細小城邦的國家可以迅速崛起，四出攻城掠地、向外殖民，掀起了全球化浪潮。工業革命的出現，加上金融創新等，則令沿襲千年的原始生產模式、經濟活動和生活習慣等發生了天翻地覆的巨變。工廠化的大

量生產，既刺激起對生產原料的巨大需求，亦產生了工業製品須向外輸出，尋求市場的問題，因而掀起了城市化和全球化比翼齊飛。民族國家的壯大，促使其向外殖民、尋求原料與市場，乃至於與宣道傳教等層層疊疊、環環緊扣在一起，自歐洲向全世界幅射擴張出去。至於伴隨着工業化、城市化和現代化的西方文化，自然亦在這個浪潮中一併傳播開去（Kennedy, 1987；郭少棠，1993）。

掀開世界地圖，並以歐洲為中心，或者說由歐洲出發，不難發現，自十五世紀起，那股自歐洲向外殖民擴張的第一階段全球化浪潮（Friedman, 2006），先是因為地理鄰近之故，席捲非洲北部和中東地區，然後擴散至整個非洲與北美洲，接着再擴張至西亞、南亞，再之後是中南美洲、東南亞、澳洲和新西蘭等地。由於船堅炮利，軍事力量遠遠超出那些當時仍停留在原始階段的社會，歐洲勢力的擴張，無疑有如摧枯拉朽般在全世界所向披靡，甚少遇到敵手。其中最為突出的例子，當推處於北歐一隅，幅員與人口並不很大的英國，卻能憑着國家在工業革命後的國力迅速急升與強大海軍實力攻城掠地、不斷擴張，成為一時無兩的「日不落國」，雄霸全球（Kennedy, 1987；郭少棠，1993）。

作為遠離歐洲勢力擴張源頭的東方大國，並被視為位處「遠東地區」的中國，無論是從多個世紀細水長流的絲綢之路貿易往來中，或是從狂風掃落葉雷厲風行的蒙古軍西征中，甚至是從點點滴滴親歷其境馬可孛羅（Macro Polo）《東遊記》的感受中，均相信已令不少歐洲人對中國的文明與強盛有一定印象與想像。正因如此，當歐洲勢力不斷擴張全球時，一來因為地理上相對較遠之故，二來又相信仍然視中國為東方強國，不敢貿然侵犯，所以較遲或者起碼在完全了解之後，才撕破面具、動刀動槍地進行侵略。

正如錢穆所言，由於中國長期處於大一統狀態，地大物博，且可自給自足，缺乏向外擴張的慾望，其文化與民族「精神亦常偏於和平，而不重於富強。常偏於已有之完整，而略於未有之侵獲。對外則曰昭文德以來之，對內則曰不患寡而患不均。故其為學常重於人事之協調，而不重於物力之利用」（錢穆，1948：17）。惟 1840 年第一次鴉片戰爭敗北後的割地賠款和開放沿岸港口通商，不但標誌着東方大國綜合國力的江河日下，亦掀起了西學東漸的浪潮，令這個長期沿着「超穩定」狀態軌跡前進的古老文明，掉進了崎嶇曲折且泥濘滿途的道路，家族結構與命運，自然亦遭遇到前所未見的挑戰與衝擊。

扼要地說，第一次鴉片戰爭敗北後，滿清朝廷仍昧於世界形勢，未有作出應有的管治與國防等政策調整，因而瞬即招來第二次鴉片戰爭的英法聯軍入侵和戰敗結局，之後雖然在痛定思痛後啟動了「中學為用、西學為體」的自強運動，藉吸納西學以為我用，惟其沉重歷史文化包袱與半心半意，卻未能取得太多突破，令國計民生無法起死回生，1895 年的甲午戰爭慘敗於一直被視為倭國的日本，更是震驚朝野，令全國上下對本身文化與體制更加失去自信，接着便有更為西化的維新變革（郭廷以，1979）。

可惜，這次西化運動還是失敗告終，而且只有短短百日左右。所以不但列強侵擾威脅未除，內部鬥爭矛盾更是瀰漫未消，緊接着則衍生了義和團之亂，結果又招來八國聯軍入侵，進一步暴露了清朝的迂腐落後已經到了任人宰割地步。之後，滿清朝廷為了苟延殘喘，開啟立憲運動，可惜為時已晚，不久即被革命黨人推翻，而背後向滿清插上一刀的，更是由其一手栽培並手握兵權的袁世凱（郭廷以，1979）。

每戰每敗，每敗又凸顯了西方強、中國弱的問題，然後提出變革圖強，並每次均增加西方文化成分、減少中國文化成分，但每次均無法轉弱為強，難以

力挽狂瀾、扭轉秃勢，直至滿清覆亡，這個過程令中國人的文化自尊江河日下，甚至消耗殆盡，西方或西方文化則成為先進、文明、優越，摩登（現代）等代名詞，反觀中國或中國文化則被貼上了落後、迂腐、低劣、老土的標籤，當時的年輕世代對西方文化尤其趨之若鶩，對中國文化則十分抗拒，欲棄之如敝履（陳序經，1977；趙立彬，2005）。

在綜合國力迅速滑落，經濟民生凋弊，而中國文化和傳統更被視為阻礙社會發展絆腳石的情況下，不但無數大小家族的命運與前進軌跡備受衝擊，傳統價值觀念如孝道、禮儀和人際關係等道德倫理，同樣受到前所未見的挑戰。至於傳統制度或安排，例如妻以夫綱，女子無才便是德，父母之命、媒妁之言的婚姻安排，憑八股文考取功名的科舉制度，以及視商人為四民之末，輕視營商創富與商業運作的傳統等，隨即發生重大變化。其中的祠堂制度與祖先崇拜，亦遭到質疑與非議。總之，西方文化代表了現代與先進，中國文化則代表了古老與落後（陳序經，1977；趙立彬，2005）。

當然，一個不爭的事實是，歐洲開啟並帶動了人類社會的現代化，科學和科技的進步，不但提升了生產力，亦豐富了物質生活，帶動了眾多層面的文明建設。對於這些現代化的東西，應當吸收，引為己用。可是，現代化並不等同西化，因為西化的內涵其實融入了西方歷史、宗教及文化等諸多特質，這與中國的文化特質、山川地理和氣候環境等未必一致。若要引入仿效，則必須作出調整與適應，否則必會產生水土不服或衣不稱身等問題。但當時的社會條件卻沒法讓相關的運動與變革，有充足的時間與機會進行調整與適應，所以推行起來時難免荒腔走板，並無可避免地碰到各式各樣的問題，背後揭示了中西之間的激烈文化碰撞。

　　撇開晚清連番變法圖強所面對的種種文化與制度未能協調與配合的問題不談，若只集中於本文關心的傳統家族慈善信託制度變遷與現代化進程，並以當時名揚一時的盛宣懷家族個案作深入分析，則不難發現由傳統走向現代的制度巨大變遷，與法律保障如何關係家族與慈善信託的命運。盛宣懷家族慈善信託源於義莊制度，與中國以家為本的文化一脈相承，到他去世後所創立的義莊，則引入了西式安排，所以可以十分清晰地看到西學東漸對家族前進路途的影響和衝擊。

　　可是，盛宣懷去世後創立的義莊，不久即出現問題，並於二十世紀三十年代被清盤，相反其父一手創立的拙園義莊，則延續至新中國誕生之時才劃上句號。二者遭遇與發展十分深刻地說明法律制度對私產的保障，會多麼關鍵地決定家族的命運。正因如此，盛宣懷家族的慈善信託安排，其實亦如范仲淹家族的慈善信託般，極具時代意義。

盛隆籌劃義莊的未竟全功

　　要更好和更全面地了解盛宣懷家族的盛衰，慈善信託制度如何由傳統走向現代，以及其不朽追求思考的文化特質，我們要從盛宣懷的太祖父一代 ——盛洪仁（字士洪，號士翁）—— 說起，並要先就這個家族的發展歷史作些簡略介紹。綜合坊間不同資料，盛洪仁生於乾隆年間（1748 年），卒於嘉慶年間（1815 年），其始祖據說乃周文王兒子郕叔武，子孫後代日後以「郕」為姓氏，並改為「盛」。五胡亂華後，盛氏分為南北兩宗，其中的南宗於宋室南渡時遷至金陵（今南京），明朝時再遷至江蘇常州（又曾稱為：延陵、毗陵、丹德和武進），盛洪仁的祖輩則在城西北隅龍溪河畔扎下根來（宋路霞，2002：1；《盛宣懷行述》，2002）。

　　據《龍溪盛氏宗譜》（1943）中的〈先德錄〉記載，盛洪仁父親盛九祥，生有二子，長為盛洪仁，次為盛林（字逸帆，1759－1814）。盛洪仁「幼時入鄉塾，輒過目成誦」，令其祖父「奇愛之」。可惜家貧，「勿克應制舉業」，即無法走上讀書應舉之路，但他「心酷嗜詩書」，偶有時間便會「觀經史、講究古忠臣孝子事」，而且為人賢孝，其次則是樂於慈善，「常以敬宗收族自任」，並曾在 1785 年（乾隆五十年）大饑荒時「偕同志部署捐賑事」，可見他有仁者之心，樂於為善。

　　可惜，盛洪仁沒有子嗣，其母命以同宗昭穆過繼原則，將盛林之子盛隆，過繼給盛洪仁，以延香火，而盛洪仁則盡全力培養盛隆，令他最後能為家族帶來突破，而盛洪仁於 1815 年去世後，盛隆則為他向朝廷爭取了一個「議敍九品例授登仕郎」職銜，並例贈「文林郎」（《龍溪盛氏宗譜》，1943）。至家族後人給他的評價是：「尤留心經史，論古具卓識有至性，常以敬宗收族自任。」（《盛宣懷行述》，2002：290）即是說，盛洪仁雖力薄財弱，但在敬宗收族方面則甚為着緊。

　　盛林（即盛隆生父）因病於 1814 年較盛洪仁先去逝，而據說盛林亦如盛洪仁般自小聰明，「少穎敏，七歲能屬對」，令私塾的老師大為驚奇。可惜，盛林亦因家貧難以走上讀書應舉之路，而他鄉里中則「素慷爽，有肝膽，善排難解紛……聞及不平事輒發憤。故自宗族交遊鄉黨間有難事質之，經剖析皆悅服」。盛林另一特別舉動，是他曾和盛氏族人「刊修規訓……以示後人」，並十分強調子孫後代要立志讀書。盛林育有五子一女，其中一子盛隆過繼給盛洪仁，而盛林去世後，盛隆為他向朝廷爭取了一個「國學生例貤贈文林郎」的職銜（《龍溪盛氏宗譜》，1943；《盛宣懷行述》，2002：290）。

對於武進縣盛氏家族而言，盛隆（1786－1867）顯然為其發展帶來了突破，因他寒窗苦讀，最終不負眾望，在雙十有六之時的嘉慶庚午年（1810年）的鄉試中，獲得了舉人的功名，到嘉慶甲戌（1814年）的會試中又獲「挑取謄錄」，令家族聲名鵲起。到了道光壬午年（1822年），盛隆充任內廷方略館謄錄，並因有良好表現於甲申年（1824年）選授浙江安吉縣知縣，之後便官運亨通，歷任太平、長興、德清、孝豐、歸安、山陰及海寧的知州之職，道光年間曾三次擔任浙江鄉試考官（《龍溪盛氏宗譜》，1943）。

對於盛隆的生平行宜，《盛宣懷行述》（2002：290）中的介紹是「祖考惺予公，諱隆，嘉慶庚午舉人，浙江海寧州知州，誥授奉直大夫，誥封資政大夫，累贈光祿大夫」。至於兒子盛康的介紹則尤為詳細，指他歷任地方官三十多年間「有政聲」，斷案「靡不心服」，並曾「自題大堂聯云：『不循情，不愛錢，一副冷面皮但知執法；勿矜才，勿使氣，滿腔熱心血總期無刑。』此可見府君之用心矣」（《龍溪盛氏宗譜》，1943）。

盛隆除了為官清廉，還特別重視照料宗族鄉里，尤其想仿效范仲淹創立義莊。盛康這樣寫道：「（盛隆）建宗祠，修譜系，創義田，凡收族之舉，力所能為者，無不為之。為宗長十五年，族有不平事，經剖析，咸悅服。」接著，盛康又指盛隆曾對他說「昔范文正公置義田千畝，以養濟羣族，七百年來族中至今賴之。予有志久矣……假我數年……我與汝等共籌之，吾願足矣」（《龍溪盛氏宗譜》，1943）。

盛隆育有四子（盛應、盛康、盛廉、盛賡）二女（名字不詳），其中的盛康一房，日後最為顯赫。至於令盛隆最感驕傲和滿意的，相信除了為家族帶來了功名與仕途上的突破，令盛氏家族在武進縣有了更大名氣與更高地位，更在

本文所重點關注的創立義莊一事上邁出了重要步伐，既回應了父輩在贍族救濟與慈善公益方面的遺志，亦為子孫後代做出了行善積德的榜樣。

若果我們將目光放到家族慈善信託的公益事業上，則會發現，無論是盛隆自己，或是其過繼父盛洪仁、本生父盛林，均一直受范仲淹設立義莊以贍族救濟思想與舉止的影響，所以常有學習仿效的念頭，希望創立義莊以敬宗贍族、救濟貧弱。馮宮允（1943）因而指出：「先是資政公（盛林）昆季（即盛洪仁、盛林）始創議：設義學、給義糧、置義冢，未成而沒，海寧公（盛隆）捐田八百畝，次第行之」。即是說，盛隆的父輩早有創設義莊以收族保族的思法，惟條件未備、基礎未固，所以未能落實。到盛隆時算是踏出半步，因只是捐設了義田，沒有義學和義冢等。

早於盛洪仁一代已有創設義莊的構思，前文提及盛洪仁向來熱心公益，曾在「乾隆時捐賑」已見端倪。可惜，盛洪仁與盛林均「未成而沒」，令創設義莊的責任，落到盛隆身上。盛隆次子盛康有這樣更為詳細的介紹：

> 先王父（盛洪仁）與本生王父（盛林）敬慕先賢義行，嘗謂收族之要有三：設義學以教子姓，給義糧以卹煢獨，置義冢以救凶喪。事不及舉而本生王父齎志以沒，先王父復時以此勗先大夫，事不及舉而先王父復齎志以沒。迨先大夫（盛隆）筮仕浙中，浙故凋敝，虧累日積，而先大夫祇奉遺訓，竭力摒擋，置常稔之田八百餘畝。

（《龍溪盛氏宗譜》，1943）

　　由此可見，盛氏家族意欲創立義莊的做法，早在盛洪仁一代（乾隆朝）已萌生，惟因條件未成熟，未能落實而已。到盛隆一代，雖然他出仕為官多年，具有一定名望與實力，但據說為官清廉，加上官位不高，財力未如想像般大，而當時的浙江一帶在十九世紀六十年代遭遇到太平天國之亂的破壞，民生凋敝，所以又難以令他可更好地邁出創立義莊的步伐。雖則如此，他還是以本身的最大能力或財力，捐出了「義田八百餘畝」，藉以作為贍族救濟的基礎。

　　對於盛隆為人及捐出義田以贍族的情況，盛康（《龍溪盛氏宗譜》，1943）這樣介紹：「盛隆秉性孝友，尤敦族誼，嘗捐置義田以贍族之貧乏者，族人至今（同治七年，即 1868）賴之。」正如前述，由於義田只是義莊的一個部分而已，盛隆當然不會滿足於此，而是一心希望如范仲淹般創立家族義莊，盛康補充說：「……及余兄弟（即盛康和盛賡等）輩先後登仕版，方期親承嚴訓，經劃其事於義田外更置義莊，乃粵逆（即太平天國之亂）西來，郡城失守，祠宇悉為灰燼，而先大夫亦不數年棄養矣。」（《龍溪盛氏宗譜》，1943）換言之，盛隆在捐設義田之後，加上有些兒子先後有了功名（詳見下文），自然想更上層樓、更進一步，落實設立義莊以統管「設義學、給義糧、置義冢」等慈善公益的目標，但他不久即因年老力衰去世，享年 81 歲。

　　對於家族自祖輩已意欲創立義莊，到父輩仍未能全面落實，只是走出半步而已，其時已身居要職、位高權重的盛康，看來感觸良多，並對其父的去世有了「莊房未建，不及舉辦，齎志以終」的歎息。在盛康眼中，父親雖已較其祖輩有了實質的舉動，捐資購置了義田，但尚沒設立莊房，統合家族的慈善救濟事業，更沒甚麼制度保障，可確保義莊「可久可大」，因而尚未能令家族、宗族及鄰里鄉黨等獲得更好的保障，所以相關的慈善事業，亦很難較有規模地發展起來。

盛康拙園義莊的創設、發展與特點

　　盛隆在創立家族義莊上未竟全功，「賫志以終」的遺憾，無疑給盛康很大的使命感或責任感，促使他在這方面要做出更大努力。綜合相關資料顯示，盛康，生於 1814 年，卒於 1902 年，乃盛隆次子，長兄盛應（1808 － 1860），1843 年舉人，曾任歸安知縣之職，《盛宣懷行述》（2002：291）指「庚申（1860年）二月，伯祖殉難於杭」，即是在杭州對抗太平天國時戰死沙場；三弟盛廉（1818 － 1846），「嗜學工詩」，可惜英年早逝，於未滿 30 歲時去世，四弟盛賡（1823 － 1900），歷任長沙、瀏陽、沅江等知縣、知州之職（《龍溪盛氏宗譜》，1943）。

　　即是説，在眾兄弟中，以盛康一房最為突出，他於二十有六之時（1840 年）中舉人，比兄長更早中舉，然後在而立之年（1844 年）高中進士，那實在更是揚名聲，顯父母，為家族帶來更大突破了。由於有了進士及第的頭銜，盛康仕途自然更是平步青雲，初期授工部主事，後歷任廬州、寧國和直隸知縣，接着則是擢升為湖北督糧道、武昌道兼布政使、按察使，後任浙江嘉湖兵備道、按察使等要職（楊廷福、楊同甫，1988：1483；《盛宣懷行述》，2002）。

　　進一步的資料顯示，盛康育有六子，其中兩子早殤，其餘四子均學有所成，且頗有一番作為，其中以長子盛宣懷最為突出。至於盛康本人，不單官場上頗有表現，能文能武，更輯有《資治通鑑補》及《皇朝經世文續編》等書留世。至於令盛康官運亨通，日後又可為子孫打下堅實人脈關係基礎，更可令他在籌劃創設義莊方面取得重大突破的，無疑是他與清代重臣曾國藩和李鴻章的交往，而促使他能與這兩位權傾一時重臣走在一起，日後可以相交相知，甚至將這種關係延伸到兒輩如盛宣懷身上的，則是參與平定太平天國一事（宋路霞，2002；夏東元，2004 及 2015）。

　　具體點說，太平天國之亂時，江南常州一帶曾受嚴重破壞，盛應更曾參與對抗太平軍而戰死沙場。盛康任浙江嘉湖兵備道時，曾聽命於曾國藩和李鴻章，因而有深入接觸。到平定太平天國後，曾國藩和李鴻章仕途高漲，盛康的仕途自然有了更好的提升。另一方面，由於他與李鴻章關係頗佳，因而令兒子盛宣懷日後可憑「文忠（李鴻章）與大父（盛康）雅故」的情誼，獲招攬入李氏幕府，「派委行營內文案兼充營務處會辦，屬橐鞬侍文忠」（《盛宣懷行述》，2002：291）。到盛康籌劃創設義莊時，更得曾國藩助力，令他創立的家族義莊可獲同治皇帝恩准，有了官府的支撐，在社會上更能確立其突出地位。

　　為此，讓我們回到盛康籌劃創設義莊的問題上，看看其進程、內容及特質。正如前文提及，雖然其祖輩一直希望創立義莊以贍族、保族，但未有具體行動，到其父時則總算行出一步，惟只是捐建了義田而已，與創建義莊仍有不小距離，所以令他一直耿耿於懷。秉性賢孝的盛康，自然亦能感到那份必須實現祖及父輩心願的壓力。

　　到了 1867 年（農曆五月），盛隆去世，臨終前相信曾叮囑盛康要完成其心願，所以盛康在〈拙園義莊記〉一文中，便說出了「謹遵遺命」的話。同年農曆十月，其母（費氏）去世，翌年七月，其妻（與母親一樣，亦姓費）亦去世。經歷了至親接二連三離他而去，既令盛康傷痛不已，亦激起他必須盡快創立義莊的決心。其孫在《盛宣懷行述》（2002：291）一文中有這樣的介紹：「大父（盛康）自奉諱家居，壹意為惇宗睦族之事，設義莊，增祭田，建義學，修宗譜。」[1] 到底盛康這次一心一意創立的義莊，其名字和創辦人等有何特別呢？義莊內容、運作與制度安排有何特點呢？發展進程又是否順利呢？

---

[1]　盛康在籌建義莊時，年齡已二十有四的盛宣懷，據說曾參予其中，給父親不少助力。「府君（盛宣懷）參予規劃，絕不以外事攖心」（《盛宣懷行述》，2002：291），可見盛宣懷便接觸了中國傳統的義莊制度。

　　首先，且看看義莊的名稱、主要參與者和創辦年份。從盛康自述的創立義莊的書函中，我們發現，他把義莊的名字定為「拙園義莊」，而非如范仲淹般以姓氏為名，例如「盛氏義莊」，而是選用了「拙園」的名稱，這相信與他擁有一個留園有關，但確實原因如何仍有待稽考。參與創立的家族成員，除了盛康本人，還有胞弟盛賡（曾任湖南沅江知縣）、姪盛宇懷（盛應之子，曾任湖南補用知縣兼襲雲騎尉），此點揭示這個義莊具有由家族各房共同創立（盛應及盛廉已逝）的色彩。至於確實創辦的年份，應是 1867 年中盛隆去世不久。

　　接着且看看其具體內容、運作與制度安排。在義莊資產方面。除了父親留下的八百餘畝義田，盛康一方面從家族財產中撥出部分用於興建房屋，作為義學及辦公等用途，另一方面則增加義田，提供救助力量，當然還捐出基本的營運資金，以便義莊運作。對於這些義莊資產，他這樣介紹：「屋：四廈三十餘楹；贍族義田：一千二十二畝；祠基祭田：一百一十二畝；共田一千一百三十四畝。」（《龍溪盛氏宗譜》，1943）明顯地，雖然創辦時的資產並不十分豐厚，但亦算是擁有了發展的重要基礎（伍悠，2014）。

　　值得指出的是，義莊成立後，其他家族成員將名下積蓄捐到義莊的做法日多，其中的盛康夫人及妾侍，更是起了帶頭作用，她們將名下「私己」財產，捐給義莊，有些甚至指明要用於子孫教育。盛康這樣介紹：「亡室費夫人素好施予，嘗以鍼黹所入，置田百畝，備每歲施捨。費夫人在日，曾與余論及義莊不可無讀書田，請以所置田捐入，意甚善。亡姬王恭人，性喜放生，余任武昌時嘗以廉餘置田二百畝為放生，資王恭人。臨沒泣請以此田捐入義莊，集成三百畝，永為盛氏讀書田。」（《龍溪盛氏宗譜》，1943）

　　在組織與管理方面。義莊初期設有司正、司副的「掌莊」之職，綜理諸務，並主要由盛康、盛賡和盛宇懷擔任。規定日後的掌莊人須「於莊裔中擇其有德

有才或殷實可託者，公舉接掌」。大約運作五年後，又在管理上作出調整，主要改為設立三個職位：司倉、司莊和司賬。司莊「專管給發錢米，供祭辦糧修理祠墓莊倉等事」，司賬「專管錢米出入賬目及登記田租完欠等事」，司倉「專管儲廒出糶舂白等事」，三者各有分工、各司其職，便利莊務發展。

與此同時，又規定出任這三個職位的人，「必須常年在莊住宿」，以便更好地管理莊務。這三個職之下，還設有「幫辦司事」之職，而這些職位，則「概用外姓，以避嫌疑」，防止家族成員私相授受。其次，又定下考核機制，提升效率與積極性，「其辦事之勤惰、辛資之多寡，統歸掌莊查察，隨時酌定」（《龍溪盛氏宗譜》，1943）。

在贍養救濟的標準、類別與機制方面。義莊既規定了救濟的準則，亦確立了救濟的數額，例如對老、寡、孤、殘、幼、嫁娶、喪葬、科舉應考和歲寒等不同情況與類別的救濟，定下了先後次序與救助數目。五年後又作出補充和修訂，目的一方面是防止受助者養成依賴，另一方面在讀書和習業兩大重要層面上作出鼓勵與推動，希望族人多在這些方向上努力。

在約束義莊資產與懲處規則方面。義莊特別規定其財產不能變賣，只能作為永久基金，而經常性收入必須向官府課稅，餘下的收入才能用於救濟。針對陸續有新的捐獻問題，義莊規定那些新捐贈者，無權干預莊務，而捐出的財產，則「一體歸掌莊子弟經營」。為了防止家族成員有人依老賣老，影響義莊有效運作，特別申明「雖係尊長不得干預侵擾，如日久玩生，掌莊人果有侵欺，確據，許莊裔公同據實申官理斷，責令償納」（《龍溪盛氏宗譜》，1943）。

對於任何侵吞義莊資產、觸犯莊規的具體懲處與機制，則列於「蘇撫部院挂發藩字第壹號」的官方文件中，其內容如下：「倘有不肖子孫投獻勢要，私

捏典賣，及富室強宗謀吞，受買各至伍拾畝以上者，悉依投獻捏賣祖墳山地原例，問發充軍，田產收回，賣價入官，不及前數者，即照盜賣官田律治罪……若盜賣義田，應仍照例治罪，杖一百，徒三年，謀買之人各與同罪」，並要求義莊「勒石，報官存案」。

除了以上各項，盛康的另一重要綢繆和思考，當然是如范氏義莊般，爭取朝廷撐腰，令義莊可「以垂久遠」。為此，盛康於 1868 年上書同治皇帝，奏請朝廷立案，尋求法律或官府保護。在奏摺中，他一方面闡述其父早年一心意欲創立義莊的努力，另一方面則提到義莊有助敬宗保族、救濟孤寡老弱的功能。至於內容上則鉅細無遺地列出了義莊的財產分佈與規則（初期有二十八條，同治十二年再增加十八條）。

其中的重要舉動，則是尋求時任軍機處要員暨兩江總督故交曾國藩的協助，請他在奏請皇帝的奏摺中背書，而曾國藩亦不負所託，為盛康在奏摺中加入「附片」（附件），不無稱譽地指盛康創設義莊的行動，是「合族得資周卹，義田賴以長存」的做法，並高度讚揚其舉止「敦睦可風」。另一方面，他還「飭蘇藩司頒給印貼執守」，要將相關田號莊規等，「送禮部查核」，以便執行。由於有了曾國藩的背書，其奏摺一如所料獲得同治皇帝的首肯，親手在奏摺上寫下了「知道了，欽此」的批核。武進縣的官員乃按皇帝的批核和曾國藩和指示「勒石遵守」。

即是說，受父親「賚志以終」刺激的盛康，在年過半百後下定決心，要落實祖及父輩拳拳在念的創立義莊以贍族保族目標。為此，他不但在個人或家族財產中捐出部分資產，作為義莊的「永久發展基金」，又成功遊說其他家族成員 —— 包括過去長期被社會忽略的女性成員 —— 捐出財產，因而增加義莊實力，令其可以有更多經常性收入，提供更多贍族救濟的工作（伍悠，2014）。

由於盛康目光銳利地定下運作與監督的規章制度，又能成功爭取朝廷或官府的支持，讓義莊的運作得到「公權力」的保護，因而令拙園義莊日後可在變幻的社會及政治環境中更好的運作下去。馮宮允（1943）因而指出：「祖、父（子）三世同心作述，積數十年，當構蓄奮之力，遂觀厥成。」當然，令拙園義莊可以自此之後不斷發展下去的核心因素或力量，是盛宣懷，他日後成為政商界大紅人，權力與財力冠絕天下，因此成為了拙園義莊的最大保護者。

盛宣懷傳奇與愚齋義莊的創立

在近代中國歷史，盛宣懷（1844 − 1916）的名字相信成為吸納西學、洋為中用、洋務運動，甚至是亦政亦商之類的同義詞，因他的一生，不但與滿清政府的連串接觸西方、變法圖強運動有關，亦常遊走於中西政商各界，引進西方不少新鮮事物有關。雖然他的人生留下三大遺憾：科舉落第、未能成為一州一邑的地方官，以及未曾踏足歐美，[2] 卻能在那個千年未見的奇幻變局中緊抓機遇，突圍而出，表現卓越，在中國近代歷史上寫下了濃墨重彩的一筆。其子孫給他一生功業的概括是「平生最致力者實業而外，惟振災一事⋯⋯其他所籌公益善舉無慮數十事，悉可垂諸久遠。所營實業，皆有成績，表見於世」（《盛宣懷行述》，2002：318），可見公益慈善乃家人後代極為重視的一環。

---

[2] 據說，盛宣懷曾表示：「吾祖吾父以科第起家。吾少壯時銳欲繼繩，而卒屢躓於秋駕。家有治譜，常以理繁治劇自許，而未嘗假手一州一邑為親民之官。保使才、辦洋務，日與友邦人士相周旋，而足未履歐美一步。此生平三憾事也」（《盛宣懷行述》，2002：318），由此可見盛宣能夠出類拔萃，其實頗有時代造英雄的意味。

　　對於盛宣懷的傳奇人生與顯赫功績，由於坊間論述如汗牛充棟（易惠莉，1994；陳景華，1996；宋路霞，2001及2002；夏東元，2004及2007），留下的書信及文件檔案等，更是浩如煙海，分析甚多（北京大學歷史系近代史教研室，1960；陳旭麓、顧廷龍、汪熙，1979 － 2002；王爾敏、吳倫霓霞，1997），我們自然不用大花研究精力與筆墨於此。雖則如此，若要探討盛宣懷在慈善公益上的貢獻，尤其是義莊方面的努力，則仍需扼要地介紹其生平遭遇和重要成就。

　　概括而言，盛宣懷雖生於官宦人家，但並沒有如其祖父及父親般從科舉考試中及第，踏上正規仕途，而是在那個前所未見、西方以船堅炮利打開中國大門的年代，當一浪接一浪具現代科技、科學與思想的事物，以其優勢與強勢姿態湧到中國時，立足於特殊而微妙位置上且沒太重文化包袱的背景下乘時而起，幹出一番成績，打拼了個人彪炳事業。至於令他可以獲得那個千載難逢機遇的關鍵，則是父親盛康早年所締結的人脈關係（《盛宣懷行述》，2002），當然亦不能排除獲得祖及父輩積下陰德的助益。

　　正如前文提及，在參與平定太平天國反清勢力時，盛康及其胞兄盛應曾立下汗馬功勞，與曾國藩和李鴻章結下了情誼與關係，此點令年少氣銳但科舉卻未有功名的盛宣懷，不但有機會接觸李鴻章，甚至能得到其信任與重用，納於門下，成為李鴻章幕僚，從此改寫了他的人生。

　　初期，盛宣懷只是李鴻章門下眾多謀士一員而已，年輕且並不起眼，惟他卻能令閱人無數的李鴻章對之「一見器重」，顯示盛宣懷本身確有過人識見，關鍵是他可「盛暑日馳數十百里，磨盾草檄，頃刻千言，同官皆斂手推服」（《盛宣懷行述》，2002：291 － 292），簡單而言即是肯吃苦、具才色，又

能文善辯，令人信服，因而使他能獲得李鴻章重視，成為近身謀士，跟隨李鴻章東奔西跑，處理大小事務，並在李鴻章仕途不斷上升過程中備受重用，於 1870 年獲「奏調會辦陝甘後路糧台、淮軍後路營務處」，令他在營辦軍需時對於洋務與西學有了更為實質的接觸和領略。之後更因表現卓越，在很短時間內獲「薦保知府、道員，並賞花翎二品頂戴」（《盛宣懷行述》，2002：292）。

令盛宣懷事業出現重大轉變，脫穎而出，奠下推動洋務運動中堅角色的，應是十九世紀七十年代籌辦官督商辦輪船招商局一事，而他在營辦此事過程中的銳利目光與精明幹練，為輪船招商局的發展打下重要基礎，並取得驕人成績，因而令李鴻章等人對他刮目相看。在接着的日子中，他更是在李鴻章官運日隆之下如水銀瀉地般有了更多發展，無論是造輪船、通電報、開煤礦、興鐵路、辦銀行、建紗廠，甚至是製兵器、練兵士、購軍艦等，無不有其主持或擘劃的身影（易惠莉，1994；宋路霞，2001；夏東元，2007）。

對於盛宣懷在主持洋務運動時取得的成就，其子孫有如下介紹：「府君（盛宣懷）於經國大計，謀富則主張造路、開礦；圖強則主張練兵、興學；理財則主張設銀行、增稅率、改幣制；外交則主張牽制均勢，開放口岸、陰結強援；拯荒則主張浚治河道、整實倉儲、勸獎種植；而於鐵道則主張幹路國有；於幣制則主張虛金本位。」（《盛宣懷行述》，2002：318）雖然其中有不少屬於修飾的褒揚之詞，但基本上算是事實，尤其點出了盛宣懷目光銳利，有超越常人的膽量和識見，這對一個生平並沒踏足歐美國家，亦沒「浸過鹹水」（即曾放洋海外）的「土炮」而言，實在已十分難得了。

　　結果，不但他的權位與名聲日顯，個人及家族的財富亦持續急升。盛宣懷發跡後因為業務發展與交際應酬等需要，把生活的大本營搬到了上海，興建了大宅「老公館」，先後討了七房太太，育有八子八女，再以聯姻方法，與不同權貴家族結成秦晉之好，令其家大業大的力量更加無孔不入地向不同層面延伸，成為上海的第一大家族（宋路霞，2001；夏東元，2004），在上海灘頭可謂無人不識，亦無出其右。名成利就發跡後的盛宣懷，與其祖及父輩，甚至是無數富豪巨賈般，想到了達則兼善天下的問題，亦毫不吝嗇地作出慷慨捐輸，因而亦樹立了善長仁翁的形象。至於他的妻妾們亦以她們的私己積蓄經常捐輸救災，同樣贏得朝廷及社會的不少稱頌。

　　從資料上看，盛宣懷初期只是如普通人般以「零售式」做慈善，即是因應某時某地的災難，或是某人某事的困難，甚至是政治或政府的某種特殊需要，施以援手，給予一些一次性救濟。舉例說，他曾多次捐款資助蘇州西園戒幢寺的擴建和修葺，又曾捐款支持興建江灣玉佛寺，更多次因應華南華中旱澇等災害，捐款救濟扶弱。他還曾捐款給大清皇室，興建花園或祝壽；當中華民國成立時，亦曾捐款支持民國政府的水利工程。當然，他亦曾給家族的拙園義莊捐出義田五百畝，亦曾擔任不同重要慈善組織（如萬國紅十字會、北京資善堂、天津百善堂、上海仁濟堂和常州積善堂等）會長或董事等要職。如此種種，顯示他其實在為善佈施方面十分慷慨，贏來了「大慈善家」的美譽，並非如一般有錢人那樣視財如命、一毛不拔（《盛宣懷檔案選編·慈善編》，2014；夏東元，2004）。

　　但是，到了晚年時，他明顯有了新的想法，說得具體點則是想放棄「零售式」的慈善方法，改為仿效范仲淹或是其祖及父輩般，創立義莊，以之統籌名下一切慈善工作，因為這樣更能產生巨大效益、發揮更好效果，當然亦有助其

作出更好的分家析產與延續家族傳奇思考，至於相關安排，則帶有濃烈西方色彩，因他到了人生最後階段，在計劃後事時，除了把大部分遺產分給子孫各房，亦認為應撥出部分遺產成立義莊 —— 愚齋義莊，用於推動慈善事業，回饋社會，造福後世，亦希望「以傳久遠」。[3]

1916 年 4 月 27 日，盛宣懷在上海大宅（老公館）去世，享年 73 歲。莫逆之交鄭觀應給他的挽聯可謂相當概括地作出了評價 —— 儘管某些地方略嫌誇大，而有些地方則言過其實：

> 億昔同辦義賑，創設電報、織布、繅絲、採礦公司，共事輪船、鐵廠、鐵路閱四十餘年，自顧兩袖清風，無慚知己。
>
> 記公歷任關道，升授宗丞、大理、侍郎、尚書官職，迭建善堂、醫院、禪院於二二名郡，此是一生偉業，可對蒼穹。
>
> （夏東元，2007：974）

其中一個言過其實的，當然是「兩袖清風」四字。恰好相反，他其實是富甲一方，甚至是富可敵國。正因名下財產豐厚，在那個政治環境風雲色變的時刻，他去世的消息自然轟動中外社會、牽動各方政治神經（《申報》，1916年 4 月 28 − 29 日），至於確實遺產數目到底有多少？會如何分配？甚至是家

---

[3] 在《盛宣懷檔案選編‧慈善編》的「至善堂」（2014：68）會議文件中，曾記錄盛宣懷在滿清覆亡、民國初立之時離華赴日，在當地停留生活，其間，他曾考察日本的家族企業，尤其了解其長存的制度與特質。該記錄如下：「公（盛宣懷）於壬子（1912 年）秋間，由東洋回滬，談及日本三井保家之策為環球獨步。三井一姓不分家產，已歷數百年，家有議會，會有憲法，子孫繼承弗替，深為欣慕，擬仿而效之。」由此可見，盛宣懷心中實有想到子孫不要分家的問題，亦很明顯想到如何利用家規或家族憲法，以約束子孫行為的問題。

族會否因他去世而四分五裂等等疑問，則成為社會關心的話題。

　　盛宣懷去世後，最重要的實質工作，除了按家族傳統（相信是在看過風水或八字等問題後的決定）擇吉於翌年 11 月 18 日才舉行大喪，其出殯場面極為隆重，成為一時大新聞，然後是再挑好日子，卜葬家族墓園 —— 江蘇江陰馬鎮一處叫老暘岐的地方，讓他可與祖、父及其他先人般入土為安，從此作伴長眠（《申報》，1917 年 11 月 18 － 20 日；宋路霞，2002：153 － 160；夏東元，2007）。

　　與其祖或父的做法不同，大半生致力洋務運動，早染洋氣的盛宣懷，卻既沒在有生之年早已先做好分家安排，亦沒事先撥出財產用於設立義莊，而是在臨終前以口授形式（遺言）表達了心目中的意願：除去照料妻妾、未嫁女兒（孫女）和支付喪葬外，剩下的遺產一半用於創設義莊，一半給五名兒子（五房）均分，遺產的運用則希望能「動利不動本」，用今天的話即是視之為「永久發展基金」。而獲授以主持分家析產與創立義莊的人，則是李鴻章過繼子李經芳，並由高易律師樓負責一切法律工作。

　　由於名下遺產確實不少，散佈的地方很廣，牽涉的層面又極多，李經芳及其律師團隊要逐一清算盤點確實並非易事。為此，李經芳在徵得盛宣懷遺孀莊德華的同意後，在盛宣懷去世不久，即成立了盛氏財產清理處，主要工作自然是清理盛宣懷名下的各類財產，而這個過程足足花了接近一年時間，直到翌年盛宣懷出殯之時，才算基本上有了一個大致的輪廓。當然，從另一角度看，盛宣懷出殯日子要等到一年多之後才舉行，可能是風水上的「擇吉」之故。

　　故勿論真實情況若何，如何處理盛宣懷遺產問題，要到 1917 年 6 月 1 日才有決定，因李經芳到了那時才正式召開盛氏家族的遺產處理大會，並在這次

會議上得出了各方同意的處理方法 —— 當然之前相信應已和不同家族成員有私下商討，尋找共識。簡單而言，遺產的一半用於創設義莊，另一半由五房均分，而其議決更由五房代表及盛宣懷繼室以女家長身份的莊德華，在「拈鬮承領」下簽名作實，而家族委託的律師 —— 高易律師樓 —— 則將其協議或安排呈交政府部門立案。其要點為：

一、整個安排與分配獲盛宣懷遺孀莊德華及五房（盛同頤、盛恩頤、盛重頤、盛昇頤和盛毓常）具狀簽字，[4] 並做了傳統的「拈鬮承領」儀式，然後將協議文件與安排細節送呈「公廨」（法院），向政府立案。

二、由於盛宣懷生前素有「（遺產）動利不動本之主張，臨終時又有口頭遺命」，所以得出「遺產上一切生利攤分兩股」的決定。

三、至於這兩股的運用，則是「一半作為善舉祭掃、義莊等等公用，尚有一半歸其四子並長孫（五房）均分」。

（《盛宣懷檔案選編・慈善編》，2014：640）

在那份由家族各方簽字作實的協議書，李經芳指示高易律師樓除了列明財產分配與規章外，其實還記錄了遺產數目、投資狀況和遺產分配，當然還有規管義莊的「規章」。正因如此，對這份文件有多些了解，實在有助我們理解義莊日後的何去何從。概括而言，該份文件還披露了如下內容：

4　盛宣懷雖然育有八子八女，但元配董婉貞所生的三子（盛昌頤、盛和頤、盛同頤）雖然年紀較長，卻享壽較短（盛和頤出繼盛宣懷胞弟，所以不包括在內），其中的盛昌頤在盛宣懷去世前已離世，盛同頤則在盛宣懷去世不久去世。

一、遺產分為：動產、不動產、各種股票及有價值證券等，當時的總值為銀元 12,956,098.388 兩。

二、先在遺產中撥出一部分銀元，給予盛宣懷兩位在生的遺孀養老：繼室莊德華 70 萬兩；妾侍蕭氏 30 萬兩，並指示這些養老金由義莊董事會代為管理，而若財產於二人去世後尚未用盡，應如同盛宣懷本人的遺產般處理（即一半分給五房，一半注入愚齋義莊）。

三、給未出閣的兩名女兒（七女和八女）留下嫁妝費，每人 6 萬兩，而孫女則有 3 萬兩。

四、在扣除以上分配後，遺產總額為 11,606,014.388 兩。然後將此遺產分為兩股：分析股及保存股。[5]

五、分析股指五房可均分的遺產，保存股則作為愚齋議莊「善舉之基本金」，此基金由董事會按照義莊規章「永遠保守，祇准動用生利，不得分析變賣」，而其契據等文件，則由董事會「共同代管」。

---

[5] 據宋路霞的數字，盛宣懷遺產總額為銀元 13,493,869 兩，扣除負債或費用等 1,532,450 兩，實剩遺產為 11,606,014 兩。前兩項數字與本文件有出入，但實剩數字則一致。到底一千多萬兩銀元的遺產，是一個怎樣的數字呢？且以各種當年數據作比較。據日籍學者久保亨（1995）所述，1913 至 1919 年，中央政府預算收入規模是每年平均 4.92 億元，即是其遺產約佔國家每年預算 2.4%。據李新（2011）在《中華民國史》有關金融方面的各種資料顯示，1927 年的海關總收入為 6,873.5 萬兩，即盛氏遺產約佔 16.9% 左右；前身為大清銀行的中國銀行，1928 年的股本為 2,000 萬元，即盛氏遺產約佔其一半有多；交通銀行在 1928 年的股本為 1,000 萬元，則盛氏遺產足可買下交通銀行有餘。若拿其佔比與 2016 年的國家預算（70,570 億元）和海關總收入（15,388 億元）作簡單比較，則不難看到，換作是今天的情況，前者佔 2.4% 即約為 1,694 億，後者佔 16% 即約為 2,597 億，可見當年稱他富可敵國，實在所言非虛。至於一半遺產（約為 580 萬兩）用於設立愚齋義莊，作為「永久發展基金」，在當時社會而言，其數目實在不少。

六、給予董事會因應股票價格變動時處理資產的彈性，但要求保存一定比例的不動產。

七、保存股「每年所生之利益」分為十股，其中四股用作「善舉準備金」（即用於慈善），另外四股作為「愚齋本支準備金」（作為宗族、家族開支），餘下二股則作公共開支準備金。[6]

八、在「善舉準備金」中，抽出部分作為廣仁堂開支，部分用於修繕愚齋修藏，包括藏書樓、美術館（因盛宣懷收藏了很多古玩字畫等），餘下則作為「賑撫饑饉、水災、旱荒、疫癘、地震及天災等。

九、在「愚齋本支準備金」中，撥出一些項款作為祖先供奉、祭祀、掃墓和宗祠植樹等，並要求撥出部分款項給予拙園義莊，並要購入一些義田，支持該義莊的營運和慈善事業。其次，規定義莊應給予家族本支子弟教育、貧乏無依及無力婚嫁者給予資助周恤。

十、在「公共開支準備金」中，部分用作盛宣懷老宅（老公館）開支，部分用作「盛氏公共賀弔贈禮」，另外部分則作為董事會經辦費用等。

（《盛宣懷檔案選編・慈善編》，2014：642－649）。

---

[6] 此每年經常性收入的十分之四用於慈善，另外十分之四用於家族或宗族慈善，餘下十分之二用於義莊經費的規定，日後被五房更改為「四六分析」方案，變相將愚齋義莊的「永久發展基金」瓜分，詳見下文深入探討。

　　除了遺產分配與相關開支及原則，協議文件其實還定出了義莊的組織架構和監管規章。由於這方面的內容對於義莊俟後的發展影響巨大，值得重視。首先，協議文件為義莊具體運作訂立架構：即設立董事局，下轄行政管理部門，並由之統管一切日常大小事務。董事局負責制定重大政策和監督，亦任命行政管理部門，再由行政管理部門落實執行。董事會由七人組成，第一名為莊德華，並出任董事長；第二名為盛氏家族中人，但不能由一人長期出任，可以按長幼次序輪替出任；第三名為盛氏族中輩分高、有德行者；第四名為盛氏親屬，同樣應是有名望地位者；第五名成員規定必須為律師；第六及七名則指定為廣仁善堂代表。董事中除莊德華任期沒限定，基本上可以直至她去世，而她去世後，董事長一職由五房成員按長幼輪替出任，每屆任期一年，其他董事會成員每屆任期三年，而挑選、委任和辭任等，都定下程序，並規定每月開董事會一次，法定開會人數則不少於四人，會議中的重大議決須有過半數贊成才能通過。

　　其次，協議文件訂立運作及監督機制：除了前述文件呈送政府立案報備，爭取法律保障外，還對義莊的具體運作有嚴格要求，例如規定義莊章程若要修訂與變更，必須獲得董事會中五分之三成員同意；[7] 如遇變賣資產或其他情況，法律顧問有特權給予保護；又要求義莊必須有完備的財務報表與記錄，保證各項決定與金錢出入均有跡可循、有憑有據，防止弄虛作假，挪用或侵吞義莊財產；就算是僱員任命、薪金和考核等，亦要求十分嚴格。

　　在協議文件的「附件」部分中，指出用於慈善的基本金（「善舉準備金」），由董事會呈請地方官廳立案，又指「遇有重大為難事件，應照六年（1917）六月一日議案聚集五房，邀請公議，但仍歸愚齋義莊董事會多數取決，不得有所非議」。最後一點指出，該章規如有未盡之處，「可隨時由董事會先行開會，

7　董事會過半數成員通過即能修改章程這一點，實為義莊的最大漏洞，日後成為問題的根源。

得人數七分之五，並與五房中五分之三贊同後，可呈報官廳修改之」。但同時又提到「惟對於宮保（盛宣懷）遺命所說遺產之半數，即本章稱愚齋義莊慈善義舉基本金，無論何人不得將此款移作他用（除十一節聲明外），[8] 或變賣，或他項處分，法律顧問有特權保護之」（《盛宣懷檔案選編・慈善編》，2014：652 − 653）。

　　毫無疑問，無論是從家世名望的角度，或是從龐大遺產的角度，甚至是從引進西方信託制度的角度，盛宣懷一生、離世，以至其後人按其口頭遺言與思考創立愚齋義莊的舉動，均可謂別豎一幟，在那個年代實在無人能出其右，至於他在吸納西方現代化制度方面，明顯亦領先潮流。可惜，如此顯赫人生與富可敵國，卻在他去世不久迅速滑落，就算是那個一心希望「以存永遠」的愚齋義莊，亦未能如其所願，在 1920 年才可全面投入運作，惟數年後即碰到各種問題，最終在內憂外患的交互魚肉下土崩瓦解，令人慨嘆！

愚齋義莊的生不逢時與慘遭瓜分

　　家大業大、子孫人丁眾多的盛氏家族，在盛宣懷去世後雖然並沒有如一般人預期般立即出現四分五裂，但問題卻在滋生，矛盾在不斷積聚。盛氏家族沒有隨即分家的最主要原因，是莊德華以女家長身份緊抓大權、主持大局，盛宣懷妾侍及各房子孫不敢造次，所以家族仍能保持昔日風光。雖則如此，某些層面上則已呈現外強中乾的狀況，而最致命的因素，則相信是盛宣懷一生只專注於馳騁政商，忽略了兒孫們的品格、自立及進取打拼精神教育所致，令他們變成了紈絝子弟，人才凋零，再沒能夠獨當一面、號召四方的出眾人才，子姪後

8　即前文提及「董事會可因應股票價格變動處理資產」的酌情權。

代中既鮮能如父輩般具四出開拓的鬥志，更養成「洗腳唔抹腳」（花費巨大）陋習，基本上變成了寄生蟲，只是依賴着盛宣懷遺產過豪華生活。

雖然盛宣懷因善於經營而遺下極為豐厚的財產，投資亦算多元化，但在那個政經及投資環境極為動盪的年代，各種投資 —— 尤其輪船招商局、漢冶萍的股票，因營運和發展條件劇變，軍閥割據與攻伐不斷而屢見虧損，所以回報大跌，不但股價下滑，派息亦銳減，甚至時有停派，至於土地物業回報和田租收入等，亦如當時的國民經濟疲不能興般很不理想（李新，2011），有些物業及地皮甚至遭到侵吞，因而不但弱化家族的經濟基礎，亦令那些已過慣了奢華生活的子孫難以適應，所以衍生了各種問題，其中之一當然是對作為愚齋義莊「保存股」的「永久發展基金」動了「殺雞取卵」的念頭。

更為不幸的是，到了 1927 年，作為女家長的莊德華突然染病不起，在屢醫無效後於該年 9 月去世，享年只有 61 歲。此一突如其來的變故，令家族隨即失去了號令各方與團結子孫的核心，產生了羣雄無首的問題，盛宣懷不同妻妾所生子女，乃有了更為強烈的分產自立意圖，令家族四分五裂的力量驟升。另一方面，由於莊德華亦遺留下不少資產，且屬愚齋義莊的董事長，其遺產的引誘與董事長職位的吸力，自然給家族的團結和發展添加不少預料之外的變數，亦埋下了日後分崩離析的伏線。

從資料上看，盛宣懷去世後，繼室莊德華成為核心，盛宣懷元配所生的盛同頤雖仍在生，但健康不好，且在盛宣懷去世不久亦離世。莊德華所生的四子盛恩頤，則成為家族中的次核心，負責一切對外工作，但他缺乏開拓魄力與才幹，且自小養成紈絝習氣，生活奢華，致財政有壓力，因那個年代的政經環境波濤洶湧，影響了投資回報，並促使家族中人向愚齋義莊打主意。

　　進一步的資料又顯示，到了 1927 年初，愚齋義莊董事局已就如何「分析」（瓜分）義莊資產問題，採取行動，其中的「盛氏愚齋義莊四六財產分析案節略」中有如下介紹：「前愚齋義莊董事會會長盛莊太夫人因管理困難，對於本支公共開支之部分，提議變更辦法，經於十六年（1927 年）二月間開會，議決預備另行分配。嗣以本支一小部分意見不一，復經開會議決作罷。」（《盛宣懷檔案選編 · 慈善編》，2014：5）即是說，莊德華在生時，已有家族成員以「管理困難」為由，提出要「變更辦法」，向愚齋義莊打主意，但因「本支一小部分意見不一」而作罷，令愚齋義莊一度逃過被瓜分的劫數。

　　然而，到莊德華一死，盛恩頤成為家族的新領導，這便給家族和愚齋義莊帶來了巨大挑戰，因為他重提瓜分義莊財產的「四六分析」方案，並採取進一步行動，此舉令五房可以中飽私囊，並如打開「潘朵拉盒子」（Pandora box）般，引來連串家族內外的爭奪，最後令愚齋義莊土崩瓦解。以下讓我們先看看愚齋義莊呈交法院備案的因由節錄。

　　　嗣因盛莊太夫人病故，加以環境關係，管理愈形棘手，本支五
　　　房仰承盛莊太夫人遺志，遂照內章召集五房會議，全體一致
　　　議決，除慈善基金四成循案保存，辦理慈善事業外，所餘六
　　　成，劃出由本支五房平均分析。後經董事會召集會議，一致議
　　　決。查照五房會議原案，將本支六成部分，實行分析於十六年
　　　（1927 年）十一月二十八日。呈奉上海臨時法院核准備案。

　　　　　　　　　　　　　（《盛宣懷檔案選編 · 慈善編》，2014：5）

　　由此可見，家族五房以本身利益為考慮，扭曲盛宣懷生前及臨終前創立義莊的原意，決定改變義莊資產的分配和運用，將資產中的六成收為己用，餘下四成才用作慈善。[9] 此點實在嚴重違反義莊規程，亦與范仲淹一文中提及的「不可讓渡」原則相違背，因遺產原本已一分為二，五房已獲得應有分配，餘下一半實在全屬慈善用途，其「四四二」安排，只是指出四成用於社會公益慈善，另外四成用於家族宗族慈善，餘下二成作為義莊經費，而且是不能動其基本金，只能用其經常性收入 —— 即盛宣懷遺言時的「動利不動本」原則，但盛氏五房則只抽出用於社會公益慈善的四成，其他的全收於自己囊中，而且是瓜分了基本金。這樣的做法，實在與公眾利益相違背，不但董事會不應容許通過，賦予了「特權保護之」的法律顧問更應責無旁貸地加以阻止，而法院更應作出干預了。

　　可惜，無論是非家族的董事會成員，或是法律顧問，對此均置若罔聞，甚至給予了董事會「一致議決」的背書。文件送到「法院核准備案」時，相關部門又沒有承擔其作為慈善信託保衛者實的角色，把好關，即時以法定權力阻止其執行，因而令愚齋義莊遭到五房瓜分的結局。[10] 當然，若果我們深入一點想，則不難質疑協議文件當年定下董事會有權修訂規章，反而沒如范氏義莊般一直強調「永久發展基金」絕對不能觸碰或挪用的問題，甚至爭取朝廷背書，確立「永久發展基金」不能動，這成為一大漏洞，並給家族中人有機可乘，令盛宣懷那個「以存久遠」的綢繆沒法如願，失敗告終。

9　為配合這一變動，愚齋義莊的名字改為「上海盛氏愚齋義莊私立慈善基金」，並將原來的董事會改名為「保管委員會」，訂定了新章程。其重點為：一、指出慈善基金由盛宣懷「個人出資」，由「本支五房創建，故保管權仍屬於愚齋支之五房」。二、委員會成員增加至十一人，其中五人為五房代表，屬永久成員，並出任主席；非家族成員六人，任期三年，並分為甲乙兩類，甲類三人在慈善團體中推舉，乙類三人中二人為有德望者，一人為有法律學識者。三、開會及議決需成員過半同意才可通過，而修改章程則需五房成員過半才能變更（《盛宣懷檔案選編・慈善編》，2014：112 － 120）。

10　按原來盛宣懷一半遺產用於設立愚齋義莊「永久發展基金」的安排，該永久基金為 580 萬兩左右，被五房分去六成後，餘下的四成從數字上只有 232 萬兩而已。

　　同樣給家族內部爭奪財產可乘之機的，則是五房瓜分了愚齋義莊六成資產後，引起了家族中女性成員的不滿。其中盛宣懷的未嫁女盛愛頤，則因當時國家已通過了「婦女運動議決案」，確立未嫁女兒與胞兄弟有同等承繼權的男女平等的原則，在要求胞兄們瓜分愚齋義莊資產後，分給她本人一份被拒而於1928 年興訟，案件更因染上政治色彩而轟動中外社會，而盛愛頤這一案件 ——〈盛愛頤訴盛宣懷遺產案〉，更成為女性繼承權在中華大地上發生重大變化的經典案例（鄭宏泰、呂文淵、黃紹倫，2015）。盛愛頤指：

> ……先母（莊德華）於民國六年（1917 年），奉先父之命，創設愚齋義莊，以全部遺產之半作基金，共計銀五百八十萬兩有零，為數甚巨。成立迄今，甫逾十稔。先母於上年九月間棄養，而被告兄弟叔姪，即於本年二月間，將義莊財產之六成，約合三百五十萬兩，按五房平均分析，經董事會呈請鈞院給予過戶，而原告應得之權利，竟置之不顧。
>
> （引自宋路霞，2001：237）

　　由此可見，盛愛頤認為，盛氏五房瓜分了愚齋義莊的財產，按民國政府新通過的決法律規定，她應該可以獲得一份，但其兄長則認為，其父在遺產中已撥出嫁妝給她，所以不同意分給她一份。

　　結果則是各執一詞，對簿公堂，而經歷法庭上的連番舌劍唇槍後，法庭最終裁決盛愛頤獲勝。儘管盛恩頤等不服上訴，但最終法庭仍維持原判，盛氏兄弟必須分給盛愛頤一份財產（《申報》，1928 年9 月21 日）。隨後，盛愛頤之妹盛方頤也以同樣理由上訴，亦同樣得直，並獲得她應得的七分之一新瓜分

所得的財產（《申報》，1928 年 10 月 18 日）。盛氏二姐妹的訴訟成功，為中國女性合理合法取得財產繼承權道路上樹立了標誌性的典範。

家族中人爭奪愚齋義莊財產的官司並沒就此停止，到了 1930 年，盛宣懷已出嫁的兩個女兒，盛關頤和盛靜頤也提出了訴訟，認為由於出嫁之時嫁妝並非豐厚，而未有分得絲毫遺產，根據法例，女子不分已婚未婚，都與男子擁有同樣的財產繼承權為理據，要求重新分析財產，將義莊之產重新分析為九份，兩姐妹各得其一（《申報》，1930 年 3 月 7 日）。同一年，盛宣懷已嫁的收養孫女盛蓉，亦對其叔盛恩頤及其堂兄盛毓郵提起析產訴訟，亦同樣獲得勝訴（《申報》，1930 年 6 月 5 日），並再次表明，即使是已婚女子，或是過繼女子，其對財產要求的權利，亦不再如過去般被忽視。

家族成員瓜分愚齋義莊六成資產的同時，另外的四成義莊資產亦不能獨善其身，幸免於難，因為義莊資產豐厚，在那個物資匱乏的時代，成為各方虎視眈眈的獵物。從某種層面上說，盛氏家族內部因為覬覦義莊財產而動了歪念，並不惜更改章程以瓜分財產的舉止，卻弄巧反拙地吸引了財政十分緊絀的政府部門的垂涎，令其乘虛而入，最後更因各種或明或暗的間接手段，將部分義莊資產收到國民黨囊中，充作軍費或地方建設，部分則虛耗在律師費與利息上，令本來資本雄厚的愚齋義莊土崩瓦解，化為烏有（《申報》，1928 年 6 月 22 日、1929 年 8 月 29 日）。

資料顯示，在盛氏五房瓜分了愚齋義莊六成財產，而上海法院卻仍毫無知覺時，有一名叫吳培鈞的地方人士認為，盛氏五房的舉動侵佔了慈善基金的財產，並向江蘇省政府檢舉報案。為此，江蘇省政府乃委派調查專員孟心史到上海調查，並「由法院諭敕義莊交出財產目錄出入簿據等，聽候查核」。即是說，

五房瓜分愚齋義莊資產以為神不知鬼不覺之時，有社會人士卻對其做法表示異議，作出舉報，而江蘇省政府隨即派人調查。為此，盛氏五房自然不敢掉以輕心，認真處理，提供各種證據，說明本身的賬目分明，「並無侵佔四成行為」，至於上海臨時法院據說在核查賬目後，「諭令董事會准將愚齋義莊本支五房共有之六成財產分別劃還，照章過戶，各管各業，以符原案」（《盛宣懷檔案選編 · 慈善編》，2014：6、80），即是一切均沒有問題。

對於盛氏五房透過愚齋義莊董事會的這一回覆，江蘇省政府當然並不滿意，堅持盛氏五房做法不對，侵吞了愚齋義莊的財產。所以董事會看來不敢立即按上海臨時法院的指示辦理財產過戶手續，「董事會未及核辦」。其間，董事會指出一個重要發展，指蔣介石因為北伐之故，於1928年4月向愚齋義莊推銷國庫券，金額高達一百萬元之鉅。「蔣總司令電飭，以北伐進行需餉萬急，迅即四成慈善基金從速變押國幣一百萬元，解交財政部以充餉款，疊電催迫急於星火，財政部亦同時飭趕速措繳，貽誤軍需。咎無旁貸。」至於董事會竟然二話不說地答應了，其回應是「敝莊以事關餉項，即遵令變押現款，努力購買（國）庫券一百萬元，呈繳財政部」（《盛宣懷檔案選編 · 慈善編》，2014：126）。

從某個角度看，董事會這個回應，很可能是想藉着購買國庫券，爭取蔣介石一方的支持，並利用這個舉動圍魏救趙，遏止江蘇省政府的窮追猛打。但是，江蘇省政府看來並不賣賬、不為所動，堅持愚齋義莊的財產被盛氏五房侵吞，於法不合，所以堅持繼續調查，並三申五令地要求董事會提供進一步解釋，甚至要拿出更多證明，威嚇若然愚齋義莊不配合，會凍結其資產。為此，董事會再提異議，一方面指義莊在上海公共租界註冊登記，所以認為江蘇省政府沒權干涉。另一方面則指江蘇省政府的要求，已超過了法律容許的「追索期」，因義莊向法院呈交議決和變更的做法，已超過了六十日，所以不應再被追討。

　　然而，江蘇省政府還是堅持看法，緊咬不放，到了 1929 年 2 月，更飭令上海臨時法院接收其資產。為此，上海臨時法院於同月 26 日乃發出一個「省令接收愚齋義莊四成慈善基金辦法」的法院佈告，主要內容為：

> 奉江蘇省政府訓令第八八八號內開，為令遵事，案（按）照本府委員第一百八十二次會議討論事項第十二項議決，令愚齋公社董事會接收愚齋義莊四成基金……令仰該法院遵照，迅即登報公佈，並通知狄巽公、盛澤丞等之代表律師，限於三日內，按照前交清冊，分別點交，如再延不清交，即照原呈一二三四各條辦法辦理，以資結束，並具報查考，切切此令……
>
> （《盛宣懷檔案選編‧慈善編》，2014：126）

　　對於事件進一步惡化，愚齋義莊董事會自然更為迷惑。更為困擾的是，在另一邊廂，董事會早前答允向民國政府購買一百萬元國庫券一事，原來只是援兵之計，一直未有赴之行動，財政部乃不斷催促。由於當時義莊持有的股票（輪船招商局及漢冶萍）價格不斷下跌，「各股票等於廢紙」，董事會只好拿尚有價值的物業地產作抵押，向英商業廣公司借貸，以期完成購買一百萬元國庫券的任務。但該款中的七十萬元，又遲遲未交到財政府手中，逼使財政部頒令扣留該批國庫券，於是沒法給義莊帶來利息收入。[11]

　　即是說，義莊一方面以借貸方式向政府買債，但債券卻沒法成功交割，所以沒法收到利息，但另一方則要支付利息，可謂「偷雞不到蝕把米」，所以令

---

[11]　此點實在帶有「充公」其財產的意味，即是那七十萬元已給政府拿了，但又不給發放利息，所以後來政府部門向義莊要求購買政府債券時，便會乾脆視作「捐獻」算了。

其資產更加如「水瓜打狗」般，「不見了一大半」。到了 1930 年，英商又上門追討借貸利息，義莊沒法周轉，難以支付，只好轉向美商中國營業公司「押上押」，借錢周轉，應付英商業廣公司，並與該公司簽下協議，如果到期不能贖貸，該公司會拍賣其抵押物業。

到了 1931 年 3 月 6 日，義莊接到南京市政府催促信函，要求義莊認購一百萬元公債。結果，董事會乃向中國營業公司再加大借貸，然後購買公債，呈交南京政府，並指這是「名為購買，實已捐出」，惟這樣卻令義莊的財政到了「等於破產，無法維持」的地步。[12] 所以董事會乃向江蘇上海特區地方法院呈請，「准將愚齋慈善基金變賣過戶，並予解散，除還去押款本息，如有剩餘，撥充廣仁善堂」。由於要求獲准，董事會乃在《申報》、《新報》、《民國日報》及《國民黨中央日報》四份當時極重要的報紙上刊登啟事三天，宣告解散愚齋義莊（《盛宣懷檔案選編 ‧ 慈善編》，2014：232），基本上算是為義莊劃上句號。

但是，事件最後還有一個手尾，因為大約兩個月後的 1931 年 5 月 23 日，董事會突然收到上海市政府社會局訓令，指不得擅自標賣義莊各產。6 月 30 日又再接到奉令，指「據密報，該董事等有勾結洋商，以主長債權為詞，希圖將產業拍賣」。對此指控，董事會乃致函當局解釋事件來龍去脈，認為是有關官員「未明敝義莊經過之事實，有此誤會出現」，並指「在營業公司，執債言債，謂照合同履行，絕無商量餘地，社會局在官言官，謂如藉故違政令，定唯董事是問」。面對那個一面是官員，另一面是債主的兩難局面，董事會表現得很無奈，因而得出了「敝董事等處此地位，兩全無策，救濟無法，祗有束手待

---

[12] 正如前文提及，經「四六分析」後的四成基金，賬面上只有 232 萬兩而已，當中的 200 萬已以債券方式給國民黨軍政府及南京市政府拿去，而輪船招商局及漢冶萍的股票價值又跌不少，加上借貸的利息開支、律師費及行政支出等，確實已所剩無幾了。

罪而已」的結語，表示只能聽任當局發落（《盛宣懷檔案選編 · 慈善編》，
2014：233 － 234 ）。

當局最後雖沒提出「勾結」的進一步證據和控訴，事件乃不了了之，但隨
後卻由中華民國政府行政院頒令，成立「清理愚齋義莊產業基金委員辦事處」，
專職清算盤點其財產、投資與開支等事宜，其職責除了追回各種投資，清理開
支，更會追查賬目來龍去脈等。至於資產的處理原則，「除撥還清欠，及撥給
上海廣仁善堂基金外，其餘悉數撥充勦匪經費」（《盛宣懷檔案選編 · 典當
錢莊編》，2014：132 ）。相關的行動則一直延至 1936 年才按「盛氏愚齋義莊
奉令解散通告」劃上句號。即是說，盛氏五房及董事們雖然逃過了法律責任，
但愚齋義莊最終則走上了清盤解散之路。

回首愚齋義莊自盛宣懷去世不久創立，本來實力雄厚，相信乃當時中華大
地上資產最為豐厚的慈善信託基金，但運作只有數年，尚未打響名堂、做出成
績，便因引來子孫垂涎而在 1927 年底被瓜分，接着更觸發連番內外爭奪，之
後便在一浪接一浪的內耗與外部挑戰中兵敗如山倒般迅速崩潰，在短短數年間
令本來屬天文數字的資產虛耗殆盡，留下一個令人徒乎奈何的結局。

愚齋義莊雖然曇花一現，但拙園義莊卻能繼續發展，細水長流。正如前述，
盛宣懷位高權重、個人財富日豐之時，他曾捐出義田，增加拙園義莊的力量。
到盛宣懷去世而愚齋義莊成立後，由於當中曾撥出部分款項支持拙園義莊的營
運與發展，因而亦強化了該莊的發展，令其在傳統的收族、保族與接濟鄉黨方
面能夠發揮不錯效果。當然，大清覆亡，帝制終結，西方思想大行其道之時，
傳統義莊制度與習俗曾受挑戰，至於二三十年代的軍閥割據亂局，亦曾影響了
拙園義莊旗下無數義田的耕作與收入（伍悠，2014 ）。

當然，令拙園義莊遭受嚴重破壞的，是抗日戰爭爆發後的炮火摧殘和日軍鐵蹄蹂躪下的人民顛沛流離，其中不少時間內，拙園義莊的運作幾乎陷於停頓，但因義莊的最大目標是恤孤救濟，當戰火稍息之時，鄉民即進行耕種，所以在某程度上仍能維持義莊的運作。事實上，從資料上看，到 1943 年時，拙園義莊擁有的義田雖然減少，但仍達 4,620 畝左右，當中的 118 畝為祠基祠田、124 畝為基田，115 畝為祭田，1,195 畝為讀書田，贍族義田更高達 3,069 畝（《龍溪盛氏宗譜》，1943）、而義田資助的涵蓋面則頗算寬廣，主要扶助對象，則仍集中於宗族身上，教育與祭祀看來更是其中的重點（伍悠，2014）。

1945 年 8 月 15 日，日軍宣佈投降，抗日戰爭獲勝。隨着戰後重建步伐展開，拙園義莊自然亦在贍族、保族與扶助鄉黨方面繼續發揮力量，為宗族及鄉里恢復生產作出應有的貢獻和作用。可是，和平不久卻又爆發第二次國共內戰，令義莊的運作受到影響，惟這段時間維持很短。1949 年，共產黨打敗國民黨，取得中國大陸的政權，國民黨則敗退台灣，繼續抵抗。由於新中國實行社會主義公有制，私有產權被取締，拙園義莊亦如范氏義莊般，在那個重大歷史轉折時刻，結束其八十多年的歷史使命，因為其擁有的所有田地財產，在土地改革之時被收歸公有，交由國家使用和支配。

無論是盛宣懷的位高權重，或是愚齋義莊的雄厚資產，兩者無疑均是盛氏家族名揚天下、福蔭後代的驕傲，並相信會讓家族上下覺得，在這個基礎上，家族定可更上層樓，家業必可永續發展，反而拙園義莊則應被視為乃可有可無的細小組織而已，既不甚起眼，亦影響力有限；惟結果則是實力無匹的愚齋義莊迅速崩潰，只屬細小規模的拙園義莊卻能細水長流，可走更遠的道路，顯示歷史的吊詭之處，總是讓人難以預料，亦充滿嘲弄。

由傳統走向現代的曲折歷程

一個家族的兩個義莊：一舊一新、一小一大、一傳統一西化……兩者到底反映了何種值得深思的不朽追求？突出了哪些最為重要的核心問題？又揭示了何種變幻莫測的時代現實？在本文的討論和分析部分，讓我們思考當中的重要內涵和特質，並作粗略比較。

第一，兩者明顯有共同的敬祖護族、延續子孫血脈的追求，並同樣與中國的宗法制度一脈相承。惟拙園義莊是盛康在有生之年創立，具體運作在他領導督促下進行，所以更能切合其思想與追求，穩步發展。但愚齋義莊則是在盛宣懷去世後按其生前遺願與口頭遺言由遺孀、子孫及李經芳等協助創立，運作時缺乏盛宣懷的領導與監督，到出現問題時便沒有他可主持大局。

第二，兩者同樣設立「永久發展基金」，強調「動利不動本」，以經常性收入支持義莊發展的原則，一心希望義莊能夠「以存久遠」。但拙園義莊能夠成功取得皇帝聖諭設立，得到朝廷背書、官府保證，章程規則嚴格規定不能變賣及挪用「永久發展基金」。愚齋義莊雖然亦把規則章程送到法院備案，亦在章程中指明不能挪用或變賣「永久發展基金」，但程度上明顯沒如拙園義莊般獲得那麼高層次權力的保障。更大的敗筆是，愚齋義莊在章程中列明，只要董事會成員的過半數成員同意，即能更改規章與條文，這便給日後瓜分義莊資產留下藉口，將愚齋義莊推向了任人魚肉、遭到內外侵吞的境地。

第三，兩者對子孫的照顧保護同樣極為重視，亦花費巨大心血於教育之上，可是子孫後代的人力資本、表現與鬥志等，卻頗為不同。盛康大花資源於鼓勵子孫讀書，亦十分強調後代考取功名，但同時又注重家教，以光宗耀祖為使命，所以就算盛宣懷沒有中舉，他卻沒意志消沉，而是更為積極拼勁，鬥志

旺盛，終能緊抓機遇，在主持洋務方面大放異彩。到盛宣懷時，他同樣投入大量資源於子孫教育，亦期望他們能中舉，但家教方面則沒如父輩般重視，光宗耀祖的思想已沒上一代強烈，所以當子孫未能中舉時（百日維新時科舉取消），並沒激發他們的拼勁和鬥志，反而覺得沒甚麼大不了，這可能與他們一直養尊處優，甚至成了紈絝子弟有關，可見缺乏拼勁和鬥志的子孫，不但不能給家族發展注入動力，更侵蝕了家族發展的根基，令本來實力雄厚的盛氏家族，掉進了急速滑落的泥沼，可見子孫賢與不肖的人力資源因素，實在對家族長遠發展至關重要。

第四，兩者均熱心慈善，關心宗族鄉田里，一生亦慷慨捐獻，甚至在家族財產或個人遺產中撥出一個不小的比例創立義莊。盛康捐創的拙園義莊，由於制度設計簡潔扼要，保護得力，所以能夠令捐獻財產得到保留，避免了諸子均分繼承制度下被瓜分的劫數。盛宣懷的愚齋義莊雖然制度設計不弱，但只停留於法院備案的水平，公權力的保護明顯不足，協助創立義莊的子孫，其實有潛在利益衝突，種下了過半董事會成員贊同即能修章的「魔鬼」細節，令義莊最終無法抵禦諸子均分的那股分割力量，走上了消亡清盤之路。

第五，兩個義莊的核心資產大多為不動產，並利用其經常性收入支持慈善事業。但拙園義莊的不動產大多為農田，所在地大多為鄉村，資產價格變動不大，較為穩定，就算政局大變，亦沒甚影響。愚齋義莊同樣擁有大部分不動產—— 主要是地皮、物業，但亦有不少金融資產，尤其股票及有價證券，而這些資產更大多集中於上海（城市），容易受政局不靖影響，資產價值起落巨大。若然這些資產拿去做按揭借貸，利息不少，政局波動，風險巨大則會令借貸成本增加，此點實為日後愚齋義莊因借貸過重被債權人強行拍賣其資產的惡果。

當然，以上各層面的比較，若果忽略時代背景的重大變遷 —— 尤其東學西漸、連番變革失敗，以及革命勢力不斷壯大，最後顛覆滿清，結束千年帝制，創立共和政體等，令中國的一切：傳統文化、社會制度，甚至是哲學思想等，變得一文不值，甚至要棄之如敝屣，反而西方的一切：文化、制度及思想等，則被視為乃個人、家族、組織、社會或國家走向強大、文明和現代化的最重要元素，既趨之若鶩，亦十分迷戀（陳序經，1977；趙立彬，2005）。

正因如此，當盛宣懷有了顯赫事業與巨大財富，甚至是到了晚年思考如何落實家業傳承與保家護族的慈善救濟問題時，他已不再如其祖及父輩般，只以范仲淹為榜樣，而是想到西方，甚至亦一度想借鑑日本的經驗。但是，一如俗語所說「各有前因莫羨人」般，西方制度之所以發揮良好，或者說西方為甚麼孕育了那種制度，其實與其歷史、地理、文化和信仰特質緊密相連。當西方制度引入中國之時，若果其他環環緊扣的歷史、地理、文化和信仰等未能配合支援，運作起來必然會衍生這樣那樣的問題，至於愚齋義莊的發展，恰好凸顯了制度環境未能相互配合下，加上生不逢時，那時的政治環境風狂雨暴，最後令其土崩瓦解。

扼要來說，愚齋義莊的曇花一現，凸顯了如下四大層面的問題：

一、沒有及早作出安排，令信託可及早投入運作，最好是在創立者有生之年即能進行，運作成熟更佳，而不是死後由後人代為創立。

二、義莊設計低估了家族內部諸子均分的分裂力量，因而令內部分裂力量成為義莊的最大傷害。

三、制度安排忽略了男女平等法律已經頒佈，這在現代社會尤其值得注意。

四、制度高估了政治及法律能夠給予的保護，但現實上則是中國的政治環境下改朝易代很容易帶來巨大衝擊。

可以這樣說，由於中國文化沿襲了千年的諸子均分傳統，而男權主義下的女性又長期被排除在家產傳承的名單上，現代化的保障私產及民間慈善基金法律又只是剛剛起步，寄望愚齋義莊能夠如西方慈善信託般可以高效發揮應有的作用，運作暢順，但之前又沒在創立者生前做好適合的運作，無疑乃緣木求魚，這亦是「一方水土一方情」的道理，亦折射出中國由弱轉強、由停滯走向發展，甚至是由傳統走向現代的曲折道路。

結語

自范仲淹創設義莊以還，當物質資源貧乏，富家大族在力所能及時，撥出部分家財設立義莊，贍族保族、拯孤扶寡、恤苦助弱，被認為乃福澤鄉里的義舉。這樣的忘我利他行為，既有助維持家族在鄉里的地位，亦可強化其作為社會一分子的認同感，尤其可令家族與社會之間結成命運共同體（Twitchett, 1959；黃明理，2008），拙園義莊的設立，基本上發揮了這一功能，令盛氏家族可在鄉里中享負盛名，獲得稱頌。

可是，愚齋義莊未能洞悉中國文化底蘊和社會關係的制度設計，卻讓家族（五房）與社會的利益對立起來，結果弄巧反拙。簡單來說，設立愚齋義莊的目標，是要贍族救濟，造福社會、福蔭後代，但章程卻留下了家族可以挪用其

資產以自肥的巨大漏洞，而家族中人又過於貪心，不能自我管束約制，結果真的有人利用其漏洞，為了自肥而吞併了義莊資產，損害了公眾利益，與孤寡貧苦待救者為敵，引起社會人士舉報，並引出了連串相互糾纏的財產爭奪，既揭示內部的因財失義，亦引來外部侵吞公產的指控。至於最為現實的指標，則是愚齋義莊既不能在常州及上海贏來口碑，亦不能在中華大地上得到稱頌，反而留下罵名，更遑論有助提升家族名望與福蔭後代了，但盛宣懷留下的遺產卻又是前所未見的豐厚龐大。這樣的結局，不但令人感到無奈和嘆息，亦應作為反面教材，實在值得後來者引以為戒，提高警惕。

第 四 章

何東家族的不朽追求

西式慈善信託制度的實踐

引言

　　無論是范氏義莊、拙園義莊，或是無數規模大小不一的各種義莊，在新中國成立之後，因為實行社會主義、取締私有產權之故，令其運作戛然而止之時，在鴉片戰爭中敗北後被迫割讓為英國殖民地的香港，卻因殖民統治和引入西方制度而能一方面在政治上維持相對穩定和經濟可以不斷發展的局面，另一方面則可令中西方社會與文化等不同元素有更好的相互吸收和調適環境，因而產生一種既融匯中西，又有別於中西的社會環境與文化內涵，締造了傳頌中外的發展神話。

　　綜合多方分析的結果顯示，香港之所以能夠在缺乏天然資源，又屬彈丸之地的多重不利條件中突圍而出，最後發展成金融中心、國際大都會，不但是政治及社會制度有效運作、市場與經濟能夠發揮巨大力量，以及司法制度可以保持公正透明等相互配合的結果，更是無數中外移民與本地居民，充分明白到香港作為溝通華洋中外的橋樑位置，並藉背靠內地、面向世界的特殊優勢中，以辛勤和汗水長年累月不斷打拼灌溉而來（Miners, 1977；King, 1975；Lau, 1986；Friedman, 1981；Cheung, 1983；Wong, 1988；鄭宏泰、黃紹倫，2013）。至於本文所要深入探討的何東家族，正正因為充分利用了香港的中介角色，最後發展成富甲一方的巨富，而家族成員在思考如何遺愛人間、造福後代時，能夠成功吸納西方慈善信託制度，為己所用，則讓其生前捐獻的慈善信託，至今仍能發光發熱，在社會上發揮着重大影響力，因而很值得我們深入了解當中的關鍵所在。

香港的融匯中西與二元化法制

　　長久以來，香港在中國乃至世界近代史中的傳奇故事，總是被塑造成融匯華洋中西的結果，但到底怎樣才能取得良性互動與積極融洽而非相互排斥呢？又如何能取長補短發揮協同效應而非衝突呢？對於這些問題，則甚少有人提及，亦甚少提出具體事例。若果掀開香港的發展篇章，其實不能發現，由於香港本屬中國領土，被割讓為英國殖民地後，在此生活的絕大多數市民仍是華人，英國殖民地政府又按開埠時承諾，在香港實行「二元化法制，令中國傳統文化、風俗及社會制度得以保留下來，這實是極為重要的制度安排，而此制度不但吸引了中華大地上無數鄉民繼續移入，亦吸引了不同國籍與膚色的移民到香港尋夢，因此可視作香港吸納「四方財」或「四方才」的磁力場，在締造香港神話方面具有不容低估的作用。

　　甚麼叫「二元化法制」？其內容又是甚麼？從資料上看，英國海軍在鴉片戰爭中打敗清兵後的 1841 年 2 月 16 日，即在香港水坑口登陸，插上英國國旗，並宣佈香港為其殖民地，大英帝國的政治及法律體制隨即在香港實施，但同時又頒佈了對香港法制及社會響極為深遠的《義律公告》（Elliot's Proclamations），安撫人心。在該《公告》中，義律以香港島上最高領導人的身份，毫不含糊地作出了如下歷史性承諾：

> 至爾居民向來所有田畝房舍產業家私，概必如舊，斷不輕動。
> 凡有禮儀所關鄉約律例，率准仍舊，亦無絲毫更改之誼。且未
> 奉國主另降諭旨之先，擬應照《大清律例》規矩主治居民，除
> 不得拷訊研鞫外，其餘稍無所改。凡有長老治理鄉里者，仍聽、
> 如舊。

（中國第一歷史檔案館，1996：58 － 59）

　　即是說，自香港開埠始，英國政府即基於現實考慮，實行日後被法律學者稱為「二元化法制」的中英雙軌司法體制，「華人繼續依從中國法律及習慣，英國及其他各國人士，則接受英國法的統治」（蘇亦工，2000：69）。正因如此，在香港生活的華人，基本上仍奉中國禮儀律例（當時而言即是《大清律例》）為圭臬，說明傳統的父權制度、三綱五常，甚至是祖宗崇拜和重視血脈等，仍然成為約束各階層華人生活與社會行為的規條。至於丈夫可以納妾，女人被迫「紮腳」（纏足），富有家族可以蓄婢等，亦「率准仍舊」。

　　進一步的研究還指出，香港開埠之初，英國殖民地政府在「鄉約律列，率准如舊」原則下，不只實行「二元化法制」，其實還實行「間接管治」，給予鄉里（地方）長老不少管治實權。到了十九世紀末強行「租借」新界時，亦承諾「你們的商業和土地權益，必獲得保障，風俗和習慣絕不會受到干涉」（丁新豹，1997：102），可見傳統中國文化與習俗，自香港開埠後一直維持，沒被削弱。

　　雖則如此，自此之後，香港的營商及生活環境，明顯與中華大地之間呈現了巨大差異。更直接點說，自香港開埠後，由於港英政府着眼於發展對華貿易，因而高舉自由市場旗幟，基本上不分華洋種族、流派背景，一律任其自由進出營商謀生，令香港一躍成為區域的轉口貿易港，商業活動異常頻繁。至於大清國力日弱，動亂與災難頻仍令民生凋弊，又促使不少華南沿岸鄉民利用香港的海港飄洋出海，到新舊金山或南洋一帶歐美殖民地謀生，令香港成為華人移民與後續聯繫的重要樞紐。在這個發展過程中，那些能在華洋貿易與溝通內外的行動中充當中介或橋樑角色的人，則總是賺得盤滿砵滿，家財萬貫。

　　在殖民地統治的「二元他法制」下，香港華人無論生活、工作或營商等，均如在中華大地般按照中國傳統運行，就以創業和經營為例，華人一方面常以傳統的「堂」或「記」等寶號為單位，又習以為常地講求誠信與口碑，重視一諾千金，而非西方習慣般事事要求簽合同、訂協議，就算記賬、理財或信貸等，亦是十分傳統，更不用說強調人脈關係、鄉里情誼與論資排輩的營運習慣和社會潛規則了。當然，對於那些有助營商，能夠提升效率及保障權益的西方新事物，華人華商又會迅速吸收，引為己用，所以可説是活學活用了「二元化法制」的「蹺妙」之處，而這種現象或做法，則可視為香港人做事時善於「捐隆捐隙」、強調「靈活變通」的最有力註腳。

　　到發財致富後，那時的華人華商自然亦如中華大地上千千萬萬有錢人般，在達則兼善天下觀念的驅使下，慷慨捐輸，大做慈善，採取的方法，則是「零售式」的按一時一地、個別需求而捐獻，至於由眾多華人賢達集眾人之力所創立的跨地域慈善機構東華三院和保良局，自十九世紀八十年代起則吸納最多公眾捐獻，亦提供極其重要的社會救濟與服務。其次則以同鄉會或宗親會較為突出，成為無數在港謀生移民遇到困難時尋求協助的重要組織，而同鄉會或宗親會則帶有濃烈的贍族、護宗與凝聚鄉黨的濃厚色彩。即是説，雖然香港已割讓為英國殖民地，但在「二元化法制」下，民間慈善與贍族救濟等，仍與中華大地上的傳統習慣沒有兩樣。

　　值得注意的是，那時的華人華商，不但只在經商辦事時喜以「堂」或「記」為組織單位，就算是參與慈善，亦是如此。但是，隨着時間推移，尤其當《公司法例》於 1865 年頒佈後，西式公司制度日趨完善（鄭宏泰、黃紹倫，

2006），加上各種有助保障私有產權法律的引人與強化，以及私有財產的轉移與傳承亦有進一步保障等，均令西式制度的應用更趨普遍，反而《大清律例》則一直原地踏步，沒甚發展，就算到了慈禧太后主導的晚清改革時，法律制度有了前所未見的變動，但香港華人已再沒跟隨了，殖民地政府其實亦不再同意了。

事實上，那次晚清變革不久，帝制即被推翻，惟那套在風雨飄搖時期出台的法制，則基本上仍為政治鬥爭熾烈，無暇顧及法制發展的中華民國政府 —— 尤其北洋政府 —— 所沿用（江照興，2017）。惟香港則不再跟隨新頒佈的法制，而是維持原來的《大清律例》，並逐步向英國法制靠攏，走上了與中華大地截然不同的，以普通法為本的法制道路。其中的重點則是因為加強向英國法制靠攏之故，令「二元化法制」逐步轉變為「一元化法制」，簡單而言，則是西方法制掩蓋那套以《大清律例》為主導的中國傳統法制（蘇亦工，2000）。

若果我們集中於與慈善信託有關的法例變革，則不難發現，隨着時間推移，中西法制在香港實行過程的此消彼長，而「二元化法制」則逐步融匯為「一元化法制」。從資料上看，早於1856年，殖民地政府已頒佈了《華人訂立遺囑相關條例》，主要目在於說明華人按傳統訂立遺囑，在香港具有如西式遺囑般的同等法律地位，但訂立遺囑時須符合某些基本內容，此點進一步說明香港的「二元化法制」精神（鄭宏泰、黃紹倫，2013）。

到了1886年，政府再頒佈了《遺囑法例》，並在條例中開宗明義地指出，在該條例所界定的遺囑，與早年（1837年）英國實施的《遺囑條例》意義相同。條例對於立遺囑者在遺囑中的簽署作出了更多說明，指出其簽署的位置，無論在書寫遺囑紙張的前後左右上下，只要是出於立遺囑者之手筆，並依法草擬，

即具法律效力。與此同時，條例還指明，華人（無論是本地出生或在本地定居）所立的遺囑，只要依據中國法律及習慣，同時亦符合具有立遺囑者及見證者簽署、確認與驗證等格式，均具有法律效力。

自此之後，條例雖曾因應內外不同條例的變化，作出一些技術或枝節上的補充配合，但主體內容並沒變更，一直維持至 1970 年，才被新頒佈的《遺囑條例》所取代，該條例無論是對遺囑的草擬程序、訂定、立遺囑者及見證者的精神心智狀態，乃至見證人的數目（起碼兩位），見證人年齡（須滿 21 歲），以及見證人簽署名字時的位置等，均有更為清晰的規定和說明，力求減少漏洞，消除爭拗或弄虛作假等問題。條例雖然仍保留了按《大清律例》被納為妾者及非婚生子女的繼承權利，但更多的內容則是西方制度的運作與價值，顯示「二元化法制」在當時社會已大大褪色了。

《遺囑條例》實施十多年後的 1984 年，律政司轄下的法律改革委員會成立了專職小組，再次就條例的運作與社會的發展進行深入檢討與調適，之後作出多項重要建議，針對那些過時規章作出廢止 —— 例如規定訂立遺囑者須年滿 21 歲、對「夫妾關係」的不平等限制，以及給予新界土地及無遺囑者遺產豁免徵稅等；而針對時代前進和轉變的需要，則作出更新和補充 —— 例如對非婚生子女的繼承權利給予肯定、對無遺囑繼承財產分配的金額作出調整、對妾侍可分享丈夫遺產的權利給予較公平對待，以及防止死者在生前利用特別財務安排逃避（繳稅）規定等（香港法律改革委員會，1990）。此改革後的法例於 1997 年 6 月頒行，即現時香港特區政府所沿用的《香港法例》第 30 章《遺囑條例》，原來的「二元化法制」，經進一步大規模修改後，則基本上融合為「統一的……法律」，令任何人士都需「遵奉」了（香港法律改革委員會，1990：4）。

　　另一方面，若細看信託制度的發展，又不難發現，此制度自十八世紀於英國發軔，到十九世紀時在富豪世家中開始受重視，逐漸流行起來，其關鍵之處是衡平法（Law of Equity）—— 信託制度的發展根基 —— 的日漸確立和強化。至於香港開埠後即移植大英帝國的相關法律 —— 包括衡平法，自然算是為日後的遺囑及信託法例發展打下重要基礎。雖則如此，一個不爭的事實是，早期的信託制度極為粗糙，保障不如今天般充足，不但富豪世家對之了解不多，市民大眾亦缺乏認識，所以華人社會基本上仍採取中國傳統的祖堂制度和義莊制度，照料親屬，推動公益慈善，就算是那些早染洋風、十分西化的華人家族，但他們在分家析產或是推行贍族護族、慈善救濟行動時，仍如中華大地上無數世家大族般以祖堂、祠堂或義莊之類的組織行事，更不用說管理家族財富了。

　　正如上一章中提及，在二十世紀二三十年代，中華大地發生了連串因為遺產乃家族信託基金的轟動中外社會的官司訴訟 —— 例如盛宣懷女兒盛愛頤訴盛恩頤等人，以及哈同遺產案等（鄭宏泰、呂文淵、黃紹倫，2014），這些發展很可能牽動不少香港富豪商賈的神經，令其擔心一生辛勤積累的財富能否按其心願分配與安排的問題。於是，到了三十年代初，殖民地政府乃因應當時內外社會情況，在經過一輪諮詢後，於 1934 年頒佈了首條《受託人條例》（Trustee Ordinance），藉以增補和修訂有關受託人的普通法規則，而此條例主要以英國《1925 年受託人法例》為依據，算是令香港的信託制度走出了極重要一步（Ma, 2014）。

　　說得更實在一點，由於此條例畢竟只是因應有錢人的需要而頒佈，影響層面相當狹窄，自頒佈後並沒引起太多爭議或問題，所以能夠實施長達七十多年

而相安無事，直至進入新千禧世紀第一個十年的末葉，才因當時社會已出現了重大變化，而呈現了不少問題和新需求。於是，特區政府乃在 2009 年因應社會巨大變遷而進行修改法例的諮詢與檢討，然後在完成整個程序後於 2010 年發表了諮詢結果（《信託法改革具體立法建議諮詢文件》，2012）。接着的 2012 年提交立法會審議，經三審後通過，是為《信託法》（Trust Law），或稱《2013 年信託修訂條例》，並於 2013 年 12 月 1 日實施。值得指出的是，經檢討和修訂後的信託制度，無論對受託人、代理人、受益人，乃至相關支援專業服務團體，均有更為清晰的權責及監管，令信託制度的發展得以踏上另一台階。

　　從以上香港法制變遷的粗略回顧中，我們不難理解現時香港為何仍有不少早年《大清律例》留下的傳統足跡，亦可體味到「二元化法制」的微妙轉變 —— 或者說是中西法制融匯、互動與相吸收的過程，當然亦可視作英國法制在香港的調整、調適與在地化，令其可更配合中國文化與社會需要。對於早期香港華人在這個中西法制傳統大不同、並且雙軌而行之下，尋找有利自己發展的空間，然後又在這個逐步「二元歸一」的過程中，充分吸收西方之長為我所用。被視為早期香港首富的何東家族，其發展、調適、不斷壯大，然後是慷慨捐輸、大做慈善等等，均可說最具代表性，且最能說明慈善信託制度與財富管理等問題在香港的發展，所以本文乃以之作為深入分析的個案。由於不少人對何東家族的發跡與慈善事業未必熟識，下文讓我們先粗略地介紹其背景，之後再逐步述說其在慈善信託方面的努力，最後則會說明香港的司法體制、金融中心角色與財富管理服務等，如何能令慈善信託更好地發揮效力。

何東家族的華洋合一與政商兩和

從學術研究的角度看，何東家族不但是香港商業興起、中西文化多元與身份混雜的象徵，更是吸納中西制度 —— 尤其遺囑與信託 —— 的先行者，所以屬於上佳的研究案例，至於家族的組成與興起，更別具時代特色和意義。與絕大多數中國人不同，何東（或稱何啟東，1865 – 1956）並非純種華人，而是一名歐亞混血兒，父親（C. H. M. Bosman）乃香港開埠初期自歐洲東來尋金發財的荷蘭商人，母親施氏（名字不詳，據說名「娣」或「靚娣」）才是華人，所以被香港歷史學者施其樂（Carl T. Smith）形容為「無根家族」，生下來已沒中國傳統家族、宗族及鄉里的紐帶與網絡（施其樂，1999），與香港既為中國領土又為英國殖民地的歷史背景頗為相似，亦可說是那個時代的別具代表性「歷史人物」。

由於父母間沒有正式婚姻關係，而生父又在何東出生不久離開香港，沒有太多接觸，外貌看似洋人多於華人的何東，自小即與母親相依為命，因而行為舉止極為華化，並以自己為華人自稱，與華人社會連結在一起，而母親又先後為他帶來另外多名同母異父的姐弟妹（1 名姐姐和 7 名弟妹），令其家族與成長背景增添了更多迷人色彩（鄭宏泰、黃紹倫，2007）。雖然沒有中國傳統家族、宗族和鄉里的紐帶與網絡，但何東卻能左右開弓，建立起一個以他為核心，並且橫跨華洋政商的龐大家族，當中的過程及方法，實在很值得深入討論。

由於何東的母親在毫無婚姻保障的情況下，為何東誕下了眾多同母異父的姐弟妹，令一直以華人自居的何東，不得不利用那個「二元化法制」的特殊空間，構思出「何」的姓氏，[1] 並以此為「旗幟」，號召並團結一眾姐弟妹，要

---

[1] 有關何東為何會姓「何」的問題，其實十分耐人尋味，其生父日後更獲「贈」一個中文姓名：「何仕文」。由於此非本文的要點所在，略過不表，有興趣者請參考《香港大老：何東》（鄭宏泰、黃紹倫，2007）一書。

求他們一起採用，同時更採取「同居共爨」的模式，組織一個以母親為紐帶，以長兄為骨幹的「傳統中國家族」核心單位，為日後何東、何福和何甘棠昆仲三人共同創業，[2] 但又各有分工，並且可妻妾成羣等締造有利條件（Wong, 1988；Tse Liu, 2003；鄭宏泰、黃紹倫，2007）。

令何東可以突圍而出的重要條件，除了天生聰明睿智，當然還有他母親在那個重大時代察覺到掌握西式教育與中西雙語有利謀生的現實，因而在何東等兒子年幼時將之送到創立不久的中央書院（即現時的皇仁書院）讀書，而他們走出校門後確實成為溝通華洋中外的中間人，獲得不少洋行招手，其中尤以 1880 年（年屆 18 歲）充當英資龍頭洋行 —— 渣甸洋行 —— 買辦一職最為重要，[3] 因此職位令這個「無根家族」出現重大突破，而他則和不少同時代的買辦一樣，在這個位置上招攬了無數家族成員加入，再利用婚姻結盟方式擴大家族實力，形成一個當時香港一時無兩的「買辦家族」。

買辦（compradore）一詞本來泛指中介或中間人而已，但在華洋交往之時，則成為洋行大班聘用於處理一切對華業務，同時又負責管理洋行旗下所有華人員工的專業職銜。正因如此，買辦便有了「既僕又主」的特質，地位微妙且極為吃重（施其樂，1999）。由於買辦角色吃重，並掌握不少重要資訊與權

---

[2] 何東還有兩名較少人認識的胞弟：何啟滿和何啟佳。何啟滿年幼時被母親送給本身沒有所出的女性友人做養子，並跟隨養母移居日本。何啟佳在中央書院唸書時採用英文名 Walter Bosman，並以優異成績畢業，獲獎學金負笈倫敦深造，專攻土木工程。學成之後，Walter Bosman 選擇轉到南非工作，並曾帶兵平定南非內亂，後來官至南非工務局長。1931 年，已退休的 Walter Bosman 曾自南非返港，探望何東及中央書院的舊同窗。

[3] 資料顯示，何東能獲渣甸洋行垂青的其中兩個重大原因乃姻親關係。其一指何東能進入渣甸洋行，因其胞姐的丈夫乃渣甸洋行首任買辦蔡星南，但蔡氏英文不太好，亦因年紀已老而萌退意，因而在何東胞姐影響下推薦何東進入洋行。何東初入洋行時未任買辦，只是擔任跑腿或助理之類的工作，直至他迎娶同屬混血兒的麥秀英為妻，情況又再發生變化，因麥秀英乃渣甸洋行其中一名銷售員（另一說為合伙人）麥奇廉（H. C. Maclean）的私生女，與渣甸洋行關係密切，他很可能獲得外父麥奇廉的進一步引薦與擔保，於婚後不久擔任了買辦之職（鄭宏泰、黃紹倫，2009；Ho, 2010）。

力，一般而言必須獲得洋行大班高度信任，才能出任，所以當有人能成功出任洋行買辦，必然會「以親引親」，招攬其家人親屬於買辦部門內，或是引薦給其他洋行充當買辦，形成一個十分特殊的以特定家族為核心的買辦羣體，何東家族亦是如此。

簡單來說，有了渣甸洋行買辦這個突破口，加上本身的工作表現突出而逐漸贏得「大班」的信任，何東像其他純種華人買辦一樣，立即採取了「肥水不流別人田」的方法，引薦及擔保那些他認為值得信任且有助壯大家族力量的人進入買辦行列。雖然何東屬於「無根家族」，但自他構思出「何」的姓氏並團結一眾同母異父姐弟妹後，再利用婚姻關係，令其半血緣關係進一步擴張開去。由於何東一生娶有一位元配夫人（麥秀英，無所出，有一過繼子何世榮）、一位平妻（張靜蓉，育有三子：何世勤〔早夭〕、何世儉、何世禮；七女：何錦姿、何慧姿、何嫻姿、何崎姿、何文姿、何堯姿和何孝姿）、一位妾侍（周綺文，育有一女何純姿）和一位情人（朱結地，育有一子何佐芝），妻妾兒女成羣，他可以利用的人力資實在不少。

另一方面，他又利用本身及子女在不同學校讀書的同窗書友網絡，調動社會資源，至於與婚姻聯盟及同窗書友關係重疊的，則是那個同屬歐亞混血兒的族羣，因他們遭到華洋社會排擠而走在一起，互相照料扶持，常是共同進退。即是說，自從取得買辦職位這個突破口，何東利用無論是先天或後天的條件，大力擴張個人或家族網絡。粗略地看，這個網絡由如下四個層面組成：其一是家族成員，其二是姻親，其三是昔日同窗書友，其四是歐亞混血兒（Stokes and Stokes, 1987）。

具體地説，何東以自己為中心，再與兩名胞弟何福和何甘棠結成鐵三角作為內核，然後招攬子姪及姻親作為外核，再之後則呼朋引友作為外層，令他們在何東直接或間接的支持下進入買辦行列，形成一個以何東為核心的「買辦家族」，令其網絡向四周擴散出去，而這些向何東靠攏的人，不是屬於他的家族成員（同母異父），便是來自歐亞混血族羣，更有不少是昔日中央書院的同窗，關係極為緊密自不待言（Zheng and Wong, 2010）。

準確點説，透過婚姻聯盟，何東家族與同屬歐亞混血族裔的黃金福家族、羅長肇家族、洪興錦家族及冼德芬家族緊緊地聯繫在一起，這樣不但強化了他們在政治、經濟方面的實力，亦有助分散投資風險，同時更可彌補彼此專業與人才各有不足的問題，達至一榮皆榮的效果，至於幾個家族的各種關係，則層層疊疊、盤根錯節，讓人覺得極為複雜。

表 1 是何東這個「買辦家族」的資料摘要，我們可以一目了然地看到，除了何東、何福及何甘棠三兄弟先後接掌渣甸洋行總買辦一職，控制着該英資大行的核心業務之外，還有其他子姪姻親等推薦至不同部門，分掌不同業務，出任買辦或助理買辦等職，從而發展出姻親羅長肇、張佩堦出任渣甸洋行助理買辦，兒子何世榮與何世儉出任滙豐銀行買辦，姪子何世光及何世傑出任沙遜洋行買辦，何世耀、何世華出任有利銀行買辦，何世奇出任安行洋行買辦，以及姻親黃金福出任香港九龍貨倉買辦，謝逸出任大西洋銀行買辦和謝家寶的出任日本郵船公司買辦等情況，構成一個生意神經無孔不入、人脈網絡四通八達，並且同聲同氣、休戚與共的買辦家族，緊緊地控制了香港商業與經濟的命脈。

表 1　何東家族成員擔任買辦職位一覽

姓名	與何東的關係	洋行名稱	擔任職位
何東	——	渣甸洋行	總買辦
蔡星南	姐夫	渣甸洋行	助理買辦
麥奇廉	外父	渣甸洋行	銷售員或合伙人
何福	胞弟	渣甸洋行	總買辦
何甘棠	胞弟	渣甸洋行	總買辦
張佩階	妻舅	渣甸洋行	助理買辦
羅長肇	弟舅	渣甸洋行	助理買辦
羅長業	弟舅	渣甸洋行	助理買辦
何世亮	姪子	渣甸洋行	部門買辦
蔡立志	外弟	渣甸洋行	部門買辦
何世榮	過繼子	香港上海滙豐銀行	買辦
何世儉	兒子	香港上海滙豐銀行	助理買辦
何鴻邦	姪孫	香港上海滙豐銀行	助理買辦
何世光	姪子	沙遜洋行	買辦
何世傑	姪子	沙遜洋行	買辦
何世奇	姪子	安利洋行	買辦
何世耀	姪子	有利銀行	買辦
何世華	姪子	有利銀行	助理買辦
羅文惠	外姪	有利銀行	買辦
黃金福	妹夫	香港九龍貨倉碼頭公司	買辦
謝詩屏	外弟	大西洋銀行	買辦
謝家寶	外甥	日本郵船公司	買辦

資料來源：鄭宏泰、黃紹倫，2009。

在這個以何東為核心，以姻親家屬為支援的基礎上，加上其敏銳投資目光和肯捱敢搏個性，他不但贏來了巨大財富的積累，亦不斷提升其在政商界的影響力。到羽翼已豐時，何東乃想到自立門戶的問題，所以他一方面獨資成立生記租務公司，統合地產投資，另一方面又與胞弟成立何東公司，合股經營食糖及航運等生意。與此同時，兄弟三人又以不同形式夥同中央書院同窗友好如陳啟明、劉鑄伯，以及姻親羅長肇等，創立大有銀行；其次又與友人劉鑄伯、梁恩甫和吳理卿等創立厚福公司；再接着則是與澳門友人布力架（Jack Braga）、女婿羅文錦和外甥羅棟勳等創立生和船務有限公司，藉以壯大家族的經濟實力。

除此之外，何東又將部分資金分散投放到當時的「上市公司」之上，因而獲委任為以下眾多企業如：諫當保險公司、均益按揭有限公司、德忌立士輪船公司、青洲英泥公司、香港廣州製雪有限公司、省港澳輪船公司、香港電燈有限公司、香港工程及建築有限公司、香港火燭保險公司、香港置地及代理有限公司、香港蔴纜公司、香港黃埔船塢公司、香港及上海大酒店公司，以及山頂火車有限公司（即後來的山頂纜車公司）的主席、董事或管理委員會成員等職，因而與這些企業之間存在着萬縷千絲的關係（鄭宏泰、黃紹倫，2007）。

發財致富後的何東，和很多家財萬貫的富翁般，同樣想到公益慈善、慷慨捐輸以扶弱助困、濟眾救災，藉以提升個人名望，爭取社會地位和認同的問題。除此之外，他亦熱心於參與各種慈善及公共服務組織，其中的重要例子，則是曾一度擔任諸如東華三院、廿四商會聯合會及華商公局等會長之職，帶領那些在香港享有崇高地位的民間組織向前發展。

更備受社會注視，則是何東在政治參與方面亦十分熱心，不只是香港的政治，還有中華大地的政治。資料顯示，早在 1898 年，或者是在英國政府授意下，他曾在上海拯救因「戊戌變法」失敗被慈禧太后追捕的康有為，安排他逃難到香港，並一度招待康氏在何家大宅中居住，這種「窩藏朝廷重犯」的舉動，在那個帝制時代無疑乃殺頭的死罪。事實上，正因這一舉動，何東隨後辭去渣甸洋行總買辦之職，由胞弟何福頂替，以免個人政治立場影響渣甸洋行在華業務。之後，何東看來改為大力支持孫中山的革命事業，但到辛亥革命成功後，他似乎又沒有全面傾向孫中山，而是倒向北洋政府，此點很可能與英國政府的「中國政策」有關（鄭宏泰、黃紹倫，2009）。

在參與香港政治方面，何東曾以船主暨社會賢達的身份，調停 1921 － 1922 年的海員大罷工。據說，他曾憑個人名譽擔保並承諾給海員增加薪水與補貼，令海員願意結束罷工，返回工作崗位。但後來海員卻向國際勞工組織投訴，指何東未能兌現承諾，海員一直未能獲得應有加薪與補貼。為此，國際勞工組織曾要求英國政府解釋和處理，卻遭「冷處理」，加上那時香港與內地的政治環境發生重大變化，事件後來不了了之。

接着的 1923 年，何東又因應當時中華大地軍閥割據問題嚴重，孫中山已提出南北談判以解決各方勢力割據問題時，致電全國及各省長官，提議召開「國內領袖聯席會議」，以談判方式解決彼此分歧，盡早裁減軍旅，結束軍閥割據的局面，這一被形容為「推動和平會議」的行動，表面上雖是呼應孫中山的倡議，但內裏卻令人覺得另有盤算。正因如此，儘管何東於該年 8 月至 12 月間花了數個月時間在中華大地上東奔西跑，會晤不少軍政商界領袖，但最終還是因為各方政治力量明爭暗鬥，落得無功而還（鄭宏泰、黃紹倫，2009）。

　　自此之後，何東雖然曾有意圖或努力於推動中華大地與香港之政治發展，但總是因為各方力量對之頗有忌憚無疾而終，例如他曾於 1926 年向英國政府提議調他作為中間人，代表英國政府在中華大地上奔走。其次，在三十年代初及四十年代末，他又曾公開表示樂意為國民黨和共產黨的和談居間協調。正因各種建議與努力均得不到正面和積極的回應，他隨後乃變得較為低調，當然亦可能與他年紀日大，健康日差的現實問題有關。

　　或者是察覺自身在時間上未必能全面投入於直接政治參與之中，又或者是為了達至家族內部的分工，何東的政治參與帶有「即興」的性質，往往因為特別需要而行動，基本上沒有在香港或中華大地上擔任任何實質官職，反而其胞弟、子姪及女婿等，則多帶有早已計劃與長期經營的色彩，並多屬直接參與，足跡不只在香港，亦遍及中華大地與台灣地區。

　　表 2 是何東家族成員曾直接參與政治 —— 即在政府中擔任實質政治職位 —— 的一覽表。我們不難看到，何東本人雖然沒有擔任政府職位，但其政治影響力則透過其胞弟、子姪，以至內外孫等，得到了充分的彰顯。舉例說，胞弟何福曾任港英政府的立法局議員；兒子何世禮官至國民黨二級上將，抗戰期間曾任國民黨軍隊的聯合勤務總司令，負責調動國軍的軍需品，國民黨退到台灣後曾出任駐日代表，然後是駐聯合國軍事代表團團長；女婿羅文錦曾任港英政府立法及行政局議員，外孫羅德丞亦子承父業，曾任兩局議員；其他如楊國璋、羅文惠、何鴻鑾及列顯倫等，亦在港英政府佔有重要席位，可見不同家族成員已在不同政治層面上貢獻所能。

表 2　何東家族成員曾擔任政府職位一覽表

姓名	與何東的關係	曾擔任的職位	政府
何福	胞弟	立法局議員	港英
Walter Bosman	胞弟	工務局局長	南非殖民地
		駐日代表	中華民國
何世禮	子	駐聯合國軍事代表團團長	中華民國
		二級上將	中華民國
何艾齡	女	教育部部長助理	中華民國
		教育署督學	港英
羅文錦	女婿	立法局議員	港英
		行政局議員	港英
羅文惠	女婿之弟	立法局議員	港英
楊國璋	女婿	醫務衛生署署長	港英
羅德丞	外孫	立法局議員	港英
何鴻鑾	姪孫	行政局議員	港英
		工商司司長	港英
		民政事務司司長	港英
列顯倫	外姪孫	行政局議員（官守）	港英
		高等法院法官	港英
		終審法院法官	香港特區

資料來源：鄭宏泰、黃紹倫，2009。

　　正如西諺所云，金錢與權力乃一對「孿生子」。雖然缺乏先天的宗族及鄉里紐帶，並且受到華洋社會的排斥，但何東卻能團結一眾同母異父的兄弟姐妹，竪立起「何」氏家族的旗幟；再透過婚姻嫁娶這個介乎血緣與半血緣之間的脈絡，順藤摸瓜地找到了買辦這個重要舞台；然後盤纏牽繞，引薦家屬姻親

充當不同外資洋行的買辦，奠下了一時無兩的買辦家族；繼而由點成線、由線成面地援引中央書院的昔日同窗書友，將業務拓展至航運、鴉片、銀行及地產等層面，然後再將其影響力伸延至政治層面，令不同網絡之間相互緊扣，相互支援，形成一個無遠弗屆、縱橫交錯的政商與社會網絡，令何東家族的命運與香港的命運緊緊地扣結在一起，起落同步、休戚與共。

熱心捐輸與揚名立萬的相輔相成

與無數富家大族一樣，發財致富，甚至成為「中國首富」（China's Richest Man）或「東方的摩根」（J. P. Morgan of the East）後的何東（*South China Morning Post*, 17 July 1933），在「達則兼善天下」觀念的驅使下，自然亦想到藉慈善公益爭取社會認同並提升社會名聲與地位的問題，並在進入二十世紀後明顯變得積極，其中的重要原因，當然與財富積累已經十分豐厚有關，至於混血兒在那個年代常遭華洋社會歧視，貶斥為血統不純族羣，相信又會促使他們期望以博施濟眾手段爭取社會接納和認同。

表 3 是 1915 年起何東捐款支持教育、扶貧、恤孤及支援中華民國政府、英國政府與香港殖民地政府的數字，我們不難看到，在 1915 − 1920 年間，他合共捐出 235,483 港元，這個數字，用今天的尺度計算，當然不值一哂，但在那個年代，那種歷史背景與物質條件下，則屬天文數字。很簡單，在 1915 年，香港政府全年的財政收入只有 1,178.6 萬元而已。若以 1915 − 1920 年累計捐款數目為 23.5 萬元計算，則約佔 1915 年政府財政收入的 2% 左右，可見其捐款數目在當時社會而言並非小數，至於大約半個世紀時間內，[4] 所累計的捐款數目，則達 3,229,094 元，實在是個很大的數目。

4　香港於 1941 − 1945 年間陷於日軍鐵蹄統治，何東避難澳門，家族成員四散，所以他的捐款銳減，只在 1941 年香港尚未淪陷及 1945 年 8 月後香港重光之時才作出一些救災捐獻。

表 3 何東個人捐款慈善的金額統計

時段	捐款金額（港元）
1915 — 1920	235,483
1921 — 1925	31,410
1926 — 1930	32,504
1931 — 1935	590,900
1936 — 1940	329,046
1941 — 1945	15,547
1946 — 1950	1,080,845
1951 — 1954	913,359
總計	3,229,094

資料來源：*South China Morning Post*, 27 April 1956.

在以上的捐款數目背後，其實是多項重大捐獻舉動。例如港英政府計劃於 1900 年在尖沙咀擴建學校時，他捐款興建校舍，此校舍日後轉給了九龍英童學校；1911 年，香港大學創立，他捐款支持設立醫療學系，後來又捐款興建何東機械實習廠，作為工程學院的課室；1914 年，英國宣佈對德宣戰，何東買入飛機，捐給英國空軍；1937 年，抗日軍興，何東購入兩架飛機，贈送中華民國政府，支持國家抗日（鄭宏泰、黃紹倫，2007）。可以這樣説，富甲一方之後的何東，在慈善捐輸方面，表現得十分慷慨，而捐贈的層面，除了教育和扶弱助貧外，不少更帶有向中國、英國及香港殖民地政府表示擁護和支持的色彩。

正因慷慨捐輸，有時又會因應社會或政治問題給政府出謀獻策，甚至代為奔走斡旋，何東很自然地贏得不同政府給他投桃報李的稱譽和嘉許，至於向他

頒發勳章、授以榮銜,則屬最為常見的回報。表 4 是何東獲得不同政府頒贈名譽或勳章的資料,我們不難看到,自 1898 年協助拯救康有為一事後,何東於翌年獲得港英政府授以太平紳士頭銜。到 1914 年,他向英國政府捐獻飛機後,於翌年獲贈爵士頭銜。同樣地,何東因向中華民國政府捐贈飛機,亦支持購入抗日救國債券,所以先後獲贈二等嘉禾章和一等嘉禾章,連番嘉許,令他成為當時香港極少數能連續獲得中國政府頒贈高級榮銜的人。

在接着的十多年間,由於何東仍然捐獻不絕,尤其在捐款支持相關政府活動方面,並常為殖民地政府、英國政府及中華民國政府提意見,因而獲得相關政府委以政府顧問之職,例如他於 1932 年 4 月獲得南京政府委任為總統府榮譽顧問。除此之外,何東亦曾給葡萄牙、法國、意大利、安南(即越南)和比利時等國家捐獻,表示對這些國家及社會的支持,並因此獲得他們頒贈榮銜,至於家族的軟實力,則如何東胸前掛滿的大大小小各種勳章一樣,不斷增加,在中外社會的影響力和名聲,風頭更可謂一時無兩(表 4)。

表 4 何東所獲勳銜一覽表

年份	國家／政府	勳銜
1899	港英殖民地政府	太平紳士
1914	中華民國政府	二等嘉禾章
1915	英國	英皇喬治五世下級勳章爵士
1922	中華民國政府	一等嘉禾章
1925	英國	聖約翰救傷隊爵位獎章
1930	葡萄牙	葡萄牙爵士勳章
1932	葡萄牙	葡萄牙高等爵士勳章
1932	法國	法國榮譽勳章

（續上表）

年份	國家／政府	勳銜
1932	德國	德國國家一級十字會勳章
1933	意大利	意大利爵位勳章
1933	比利時	比利時爵位勳章
1936	安南	安南皇爵士勳章
1955	英國	英女皇騎士勳章（KBE）爵士

資料來源：何文翔，1992：37。

　　儘管在不同捐贈儀式上，何東致辭時總會謙虛地表示其慷慨捐輸，扶助弱小、推動教育的行為，純粹是他在事業有一定成就後回饋社會、造福民眾的一點心意而已，那是任何人都會做的事情，不值得社會大眾或政府大肆褒揚，更不用說他常會強調，其慈善公益活動並非為了私利，而只是基於一份仁慈之心而已。但是，我們卻不難看到，各項嘉許和稱頌，總是在他慷慨捐輸後接踵而至，更加不用說那些曾經獲得他作出慷慨捐輸的地方或國家，總是與他及家族生意投資和業務有着千絲萬縷的往來。

　　姑勿論何東的捐獻與獲得榮銜名譽之間的關係有多密切和清晰可見，他在發財致富後，不停留「有錢萬事足」的水平，而是表現出悲天憫人的人道主義情懷，並且立志高遠，在扶貧助弱的行動中贏取民眾敬仰，讓自己的名字留在社會中，所以利用捐輸的「散財」方式，扶貧恤孤、扶助弱小，爭取社會認同，提升社會地位的做法，無疑屬於「雙贏之舉」，既得到了社會的充分肯定，所以自進入二十世紀之後，躍升為香港華人社會的賢達或領袖，並且能在中國及國際社會上享有極高的知名度，自己亦在這個過程中得到了很大滿足感，所以能夠書寫本人和家族在香港、中國乃至世界歷史中的重要地位。

由零售式慈善走向創立自家慈善信託

與盛宣懷家族相似的其中一個特點，是女性成員在家族及社會中扮演一定吃重地位，慈善義舉方面尤為突出，何東家族則更進一步，其中又以何東平妻張靜蓉（1875 － 1938）一開風氣之先，在開拓慈善事業上寫下了濃彩重墨的一筆。資料顯示，雖然沒有在學校上課，但天生聰慧的張靜蓉，卻因自幼獲母親安排家庭授課而學得基本知識，這樣不但令她長大後能夠更好地了解世界大勢與潮流，亦能因為憑着這個基本知識改變命運，而她篤信佛教，堅信行善積德有助修行與福蔭子孫，又令她在慈善事業上有了重大發展與建樹（鄭宏泰、黃紹倫，2010）。

貴為香港首富愛妻的張靜蓉，並沒如其他闊太般選擇優渥輕鬆的生活，而是常會因為當時中華大地上戰亂頻仍感到傷感，更會牽掛社會上孤苦無依一羣的處境，對於窮苦人家的女孩子沒法獲得基本教育則最為關心，並會因為一時一地的特別情況如丈夫般作出慷慨但零散的捐獻。但是，到了二十世紀二十年代，身為虔誠佛教徒的張靜蓉開始思考應否集中力量，朝本身最想推動的特定慈善事業前進的問題。至於她的最後決定，則是自己創辦興學弘道機構，讓其永垂久遠，此點則帶有義莊色彩 —— 雖然其主要目的不是贍族護宗。

具體的行動是，她於二十世紀二十年代末先捐辦一所規模細小的女子義學（即免費學校）—— 寶覺學校，重點則是讓貧苦失學女童有一個接受基本教育的機會，並以弘揚佛教為宗旨，而初步試驗則取得成功。於是她接着開始綢繆創辦一所弘道機構 —— 東蓮覺苑，[5] 然後將辦學納入其中，讓她可更好地弘揚佛教，而促使她這樣做的主要原因，是她覺得受過佛教教育的人，「於家為孝

---

[5] 「東蓮覺苑」的名字，乃何東的「東」字和張靜蓉法號「蓮覺」的結合，稱為「苑」則既有視之如靜修叢林之意，亦帶有薈萃菁英的內涵。

子，於國為良民，祥和遍佈，沴戾潛消，實改造世界，挽回人心之根本善法」
（何張靜蓉，1934：106），可見她希望藉推廣佛教及女子教育以消弭社會戾氣，
減少紛爭。

雖然來自巨富家族，在那個仍然保守的年代，以張靜蓉的一介女流，要落
實創辦一所興學弘道慈善機構的目標，其實又並非一般人想像般容易。為此，
她曾花了不少心力，而最終仍能在家族深厚人脈關係與經濟資本的支持下成
事，尤其能夠在銅鑼灣山光道覓得一塊相對理想的地皮，於 1935 年興建了東
蓮覺苑苑舍，此舉不但書寫了佛教在香港島扎根傳播的歷史，亦掀開了女性在
香港興學弘道的新篇章（鄭宏泰、黃紹倫，2016）。

東蓮覺苑投入服務不久，中華大地爆發了舉國上下的抗日戰爭，自小具有
愛國情懷的張靜蓉，亦投入到奔走救國的洪流中。可是，一來因為年紀已大，
二來或是奔走過程的過於勞累，她於 1937 年底感染風寒，不久因醫治無效而
惡化，並於 1938 年 1 月 5 日溘然去世，享年 62 歲（鄭宏泰、黃紹倫，2010
及 2016）。面對這一突然變故，剛創立不久的東蓮覺苑上下難免擔憂，因為
若然傳承接班出現問題，發展必然遭遇巨大衝擊，令其心血化為烏有。

幸好，在張靜蓉去世前，她已立下遺囑，交代後事（Probate
Jurisdiction-Will Files, No. 202 of 1947, 1947）。甚中的重點有三：其一是
以慈善信託的方式為名下財產作出清晰分配，其重點是除極小部分（例如生前
配帶的手鐲及結婚戒指）贈予子孫，作為紀念外，其他悉數捐出（約十萬元），
用於設立東蓮覺苑永久發展基金（endowment fund），並要求家人成其心願，
不要干涉，挪用其遺產，此舉令該苑有了持久發展的經濟（物質）基礎；其二
是指示成立董事會，管理及監督苑務發展，並推薦在社會及佛教界具名望的賢

達擔任董事會成員；其三是挑選了與她共事多年，具實質管理經驗，並全心全意投入於興學弘道的林楞真為接班人，掌管東蓮覺苑的日常苑務。正因這種具遠見而細心的臨終安排，東蓮覺苑不但能夠順利完成第一階段的傳承接班過程，亦建立起良好制度，並有了作為支持該苑不斷發展的力量源泉。

正因如此，在俟後的歲月中，儘管東蓮覺苑曾經歷了無數歷史挑戰與滄海桑田 —— 例如日軍侵港、經濟轉型、社會變遷和信仰更易等，但卻能如細水長流般不斷向前，為香港的教育和佛教傳播作出巨大貢獻。經過八十多年的發展，到了今天，東蓮覺苑仍然屹立於山光道上，成為本地佛教一股不容低估的核心力量，至於張靜蓉的名字與傳奇故事，則仍令不少人津津樂道，廣為傳頌。可見其創立興學弘道機構，並以慈善信託制度支持其發展的做法，發揮了良好效果。

相對於張靜蓉，身為何東元配的麥秀英（1865 － 1944），在慈善事業方面的建樹似乎並不突出、頗有距離 —— 雖然她擁有的金錢財富其實應高於張靜蓉，名分地位亦在張靜蓉之上，而她的壽命亦較張靜蓉長，惟因她有不同際遇，加上個人觀點與人生追求的差異，她選擇了不同方法，當然亦遇上了不同的時代，[6] 所以未能令其生平積累的財富發揮最大效果。

6　麥秀英和張靜蓉乃表姐妹關係，而兩人際遇、志趣及性格則頗有不同：一、麥秀英本人無所出，有過繼子何世榮，妾侍周綺文早逝，其女何純姿亦由她帶大，而張靜蓉所生的何世禮，亦過繼給她，算是由她撫養。二、麥秀英本來沒有強烈的宗教信仰，臨終前信奉基督宗教，所以下葬於基督宗教墳場，而非家族的昭遠墳場。三、麥秀英雖有多次外遊的記錄，但並不熱衷；張靜蓉則十分喜歡到處遊歷，足跡幾乎遍及全世界。四、麥秀英於 1944 年在港去世時，政局仍然動盪，家族成員四散，只有何純姿一人留在香港，所以喪禮草草了事；反而張靜蓉去世時雖然中華大地烽火連天，但香港仍然歌舞昇平，何東家族眾多成員仍在香港，所以其喪禮極盡哀榮。

　　扼要地說，貴為香港首富的元配夫人的麥秀英，可謂旺夫賢妻，深得何東愛護和敬重，因她一來與何東青梅竹馬，其父甚至曾扶持何東上位，二來則在知悉本身無法生育後為何東納妾，又遊說表妹張靜蓉嫁給何東，當張靜蓉不為所動時又答允讓出平妻名分；三來則持家有道，令何東沒有後顧之憂。還有一點，她亦善於投資，所以其名下私人財產相當豐厚（鄭宏泰、黃紹倫，2010）。

　　與何東及張靜蓉一樣，麥秀英亦樂善好施，並不吝嗇，惟方法上則是因應一時一地實際情況的「零售式慈善」捐獻。同樣是到了二十世紀二十年代，麥秀英顯然亦開始思考如何更好運用手上資源的問題，而她的做法則是拿大部分資金在新界上水購入大片農地，興辦了「東英學圃」，[7] 栽花種桑，培植各種農作物，並試驗了養蠶抽絲、紡紗織布的技術。

　　有趣的是，二十年代初，英國宣佈會於 1924 年在溫布萊（Wembley）舉辦「大英帝國展覽會」（British Empire Exhibition），作為英國殖民地的香港自然亦要派隊參加。可是，當時的香港其實沒有本身具特色的產業。結果，何東向港府提出讓東英學圃派團參加，重點則是展示其種桑養蠶，然後抽絲剝繭，紡紗織布的中國傳統生產技術。建議獲得港府接納，麥秀英和她帶領的東英學圃養蠶種桑與紡織工人，乃一同遠赴英倫，在當地大展身手，讓英國人見識了中國傳統的抽絲剝繭，紡紗織布技術，殖民地政府亦對此深表感激，在展覽結束後向麥秀英及其團隊表示了謝忱（鄭宏泰、黃紹倫，2010）。

　　自此之後，麥秀英投入於東英學圃的心力更多，或者是為了配合東英學圃的發展，她對東英學圃四周的上水村民亦十分關心，並捐建了何麥秀英平民

7　「東英學圃」的名字，取自何東的「東」字和麥秀英的「英」，其取名原則與「東蓮覺苑」一致。至於「學圃」則帶有進行農業實驗與研究的意思，相似的組織為嘉道理農場。

義學（Lady Ho Tung Public School）。到了三十年代初，她更因應當時上水一帶缺乏良好醫療設施及服務的問題，捐資在上水古洞成立何東麥夫人醫局（Lady Ho Tung Welfare Centre），[8] 為新界北村民贈醫施藥，提供基本醫療服務。

然而，麥秀英並沒如張靜蓉般為東英學圃或個人慈善事業做長遠發展或以垂久遠的全盤打算，所以到她晚年草擬遺囑時，一如大多數富豪般將不小比例的財產，分配給一眾子孫、親屬，以及為她服務多年的員工，例如何世榮、何世禮、何世儉、何鴻鈞、何鴻邦、何純姿、何錦姿、羅文錦、楊國璋，以及近身侍婢區成璋等，其中的東英學圃地皮，則分配給何世禮。當然，她同時亦撥出一個不小比例的遺產，用於慈善公益，其中的重點受助機構計有：雅麗氏醫院、博愛醫院、同人會（Welfare League），[9] 以及聖約翰救傷隊等。除此之外，她還特別指出，要在遺產中撥出一些善款捐給婦女會、老人院及盲人院等，因為她覺得這些扶老助弱的慈善機構極為欠缺資源，她很想給予他們幫助（Probate Jurisdiction-Will Files, No. 145 of 1947, 1947）。

即是說，雖然麥秀英名下財產或遺產比張靜蓉更為豐厚，亦擁有一塊很優質的大地皮，並已創立了東英學圃，惟她選擇將大部分遺產分配給子孫、親屬及朋友，雖然她生前已捐建了義學與醫局，遺產中亦撥出一個不小比例的部分用於捐助各種慈善團體，顯示她的為善樂助，但她並沒想到要建立一個以自己命字的永久發展慈善基金，支持那些由她親手創立組織的長遠發展，顯示她的

8　由於何東獲贈爵士頭銜，其太太會獲稱為「夫人」（Lady），並有一定官方規格和禮遇。但何東有兩名太太（妻），這與實行一夫一妻制的英國相違，所以 Lady 一詞官式上只會冠在麥秀英身上，不會贈予張靜蓉（Lee, 1975），坊間有時在張靜蓉名字上加上 Lady 一詞，實是一種尊重和美意。

9　「同人會」是一家由混血兒創立，只吸納混血兒羣體，並主力在於團結混血兒，並給予提供協助的組織，性質近乎華人社會的宗親會。

舉止，仍未脫離「零售式捐獻」本色。儘管她的捐獻令不少民眾受惠匪淺，並贏來當時社會的高度稱譽，但卻未能如張靜蓉般可更為長久和「具效益」地留傳下去。

何東對慈善事業的思考和綢繆

作為麥秀英與張靜蓉的丈夫，享壽又較長，且是香港首富，人生閱歷無數，見慣世面和風浪，且足跡幾乎遍及全球的何東，在思考如何令平生積累的財富能更好地發揮作用以留芳百世時，自然會特別慎重，計議再三。他不但會參考兩位太太的方法，亦會借鑑華洋中外的經驗，力求人生最後階段的綢繆和決定，能更切合自己心意，亦可為家族、社會及後世作出更好貢獻。

要全面深入地了解何東臨終前對慈善事業的思考，顯然還是要從其遺囑中入手。作為一個極富傳奇的人物，家大業大且妻妾子女成羣的何東，顯然很難如張靜蓉般瀟灑，大筆一揮將絕大多數遺產捐作慈善，不作其他部署與盤算。正因如此，何東的遺囑洋洋灑灑長達三十多頁，凸顯了他為人面面俱圓、心思慎密，但同時亦難免流露一些機關算盡的馬腳。例如，他將核心生意、投資與家產，按諸子均分原則分配給各房子孫，盡量不令任何一房覺得不公，滋生怨懟情緒，並特別要求他們和睦相處、不要有驕奢放縱的習慣。另外，他又撥出一個比例不小的遺產用於照料親屬、朋友、員工，甚至他們的家人，藉以突出他的仁愛、厚道和念舊。他還十分特別地將部分珍貴古物、物業或金錢，贈送中國、英國、澳門及香港殖民地政府，作為一種紀念，顯示了他在政治上多方押注與一心多用的個性（Probate Jurisdiction-Will Files, No. 174 of 1956, 1956）。

　　當然，更為重要的，則是在遺產中撥出一定比例的遺產，用於慈善用途，而這些款項一部分直接捐給香港的慈善組織，另一部分則用於設立慈善信託基金，並利用該信託基金的經常性收益作社會慈善公益事宜。何東設立的慈善信託基金有兩個，其一為設於香港的「何東爵士慈善基金」（The Sir Robert Ho Tung Charitable Fund）；其二為設於內地的「中國慈善基金」（The China Charitable Fund）。後者又細分為「何東爵士華北防洪基金」（The Sir Robert Ho Tung Flood Fund for North China，簡稱「華北基金」）及「何東爵士華南防洪基金（The Sir Robert Ho Tung Flood Fund for South China，簡稱「華南基金」）。「華北基金」佔「中國慈善基金」資金額的三分二，「華南基金」則佔餘下的三分之一。前者主要針對華北地區水災方面的預防、拯救及災後重建工作；後者則主要針對華南地區的水災救助（Probate Jurisdiction-Will Files, No. 174 of 1956, 1956）。

　　說實在，相對於名下極為龐大的遺產，[10] 何東用於設立多個慈善基的數額，看似很大，但在其遺產的佔比上則不算多。舉例說，他成立「何東爵士慈善基金」的金額為五十萬元，這筆錢指明交由信託人（滙豐信託香港有限公司）代為投資，經常性收入扣除開支用於支持按香港殖民地法律註冊的慈善團體，協助他們在教育及社會救濟方面的努力，並指明港督可視乎每年收入的情況訂定批出善款的數額和分配準則。

---

[10] 由於家人沒因何東遺產打官司，我們看不到何東遺產有多少，但有一個數字可作參考：何東名下擁有極為龐大的物業地產，這些物業需向政府繳交差餉，而在 1957 － 1958 年財政年度，所需繳交款項為 1,947,585 元，佔該年政府差餉總收入（65,159,092 元）的 2.99%，以此粗略推斷，他持有的物業地產，在香港約佔 3% 左右（鄭宏泰、黃紹倫，2007：3347），其比例不可謂不龐大，這亦間接說明他撥作慈善基金的金額，在他龐大財產中的佔比其實甚少。

就算是用於設立「中國慈善基金」的金額，其實亦只佔遺產中一個不算很大的比例而已，因為此金額雖沒說明有多少，但卻指明只是何東名下其中一個物業（位於雲咸街的 Victory House），以及何東個人擁有的香港九龍娛樂有限公司股份而已，但他同時在遺囑中指出，何時出售上述物業及股票，以及之後如何投資等問題，全部交由滙豐銀行這個信託人決定。

值得指出的是，在遺囑的附件中，何東特別要求「留下記錄」（place on record），表示自己及信託人曾經小心研究過一些世界級大型慈善基金如卡耐基信託（The Carnegie Trust）、洛克菲勒基金（The Rockefeller Foundation）及諾貝爾基金（The Alfred Noble Foundation）等的指導原則，[11] 了解那些原則是否也能在中國有效運作，令人民真正受惠，並認為當時中國的環境，仍可讓他的想法和目的合法地達成。當然，他亦指出，由於他指明受助機構必須符合香港法律所訂定的慈善團體的定義，實施時難免會有一定限制。為了避過法律層面對「慈善團體」的嚴格定義，何東指示，若果是開闢耕地藉以減少水災或是改善防洪設施等，均可視為符合申請的條件（Probate Jurisdiction-Will Files, No. 174 of 1956, 1956）。

儘管何東撥作香港及內地慈善用途的遺產，在其遺產佔比上不算多，但此部分日後發揮的成效或公益則最為巨大，在某個層面上令何東可以名留千古，令人津津樂道，亦常被頌讚。反而他留給子孫的眾多大宅、物業及金銀財帛等等，不久即拆的拆、賣的賣，先後易手，令他的傳奇人生，在子孫們接二連三的「套現」潮中如沙灘上的足印般被洗刷得了無痕跡。

---

[11] 明顯地，相對於盛宣懷那時代人在設立慈善信託時，往往會想到范仲淹的例子，視之為模仿學習的對像，何東則改為學習西方的例子了 ── 哪怕那個基金其實是用於中華大地上的慈善救濟。

細心一點看，何東撥作慈善用途的那些財產，之所以能夠在香港發揮意想不到的效果，卻又與如下多個原因有關：其一是香港的信託基金制度在那段時間得到了穩定的發展，並具有良好的法律保障；其二是香港發展成為財富管理中心，資產能夠長期增值；其三是信託人（滙豐信託香港有限公司）表現專業，能夠恰如其分地按何東遺囑中的指示行事，不受家族或其他外力干擾，挪用其資產；其四相信是受益於原來的中國慈善基金，因此基金本來應用於中華大地上的慈善救濟，但因其實行社會主義公有制，私人慈善基金沒法實行，遺囑執行人日後應是以「最接近立遺囑者原意」（cy-pres）的法律原則，將該遺產撥入香港的何東爵士慈善基金之中，因而令何東爵士慈善基金的實力更大，可以在香港社會作出更大和更多的貢獻。

概括地說，步入晚年的何東，尤其是在兩位妻子均已去世，只有他尚存，妻子在遺產分配上又既會分贈子孫，亦會捐贈慈善，這必然會影響他的思考。從整份遺囑的設計、遺產的分配，乃至前後作出多次修訂與附件補充上看，儘管因為歷盡滄桑，何東在不少層面上已經看化世事，但他仍執着、計算，既未能擺脫傳統，又察覺社會潮流的風雲待變。

正因如此，他在人生走到最後階段時的重大決定，是將絕大多數遺產分贈子孫後代，只拿一個相對比例較小的遺產，以信託形式設立慈善基金，再以其經常性收入支持在香港註冊的慈善團體，讓這些團體可獲得資源，為社會提供扶老助弱、救孤恤寡等公益服務。正是後者這一念善心的造福後代舉動，何東去世至今，社會仍蒙其惠、受其益，亦因此會對他心存感激，而何東的名字自然亦如張靜蓉般，會長存於香港社會。

捐獻慈善的遺愛人間與子孫世人的相繼效法

接着的問題是：何東爵士慈善基金自成立之後具體運作如何呢？產生了哪些實質的成效呢？子孫後代有哪些得益呢？又怎樣影響其家族發展呢？表 5 是何東爵士慈善基金自 1956 年宣佈成立後捐獻支持各種在香港註冊各種慈善團體 —— 包括復康、社會福利、教育、社區及禁毒等 —— 的粗略統計。我們可以十分清晰地看到如下多個特點：一、受助慈善團體種類頗多，但以東華三院、保良局和保護兒童會等何東生前曾經擔任過要職者為主要對象；二、慈善基金最初十多年的捐獻不多，甚至可說是微不足道，但進入七十年代起即有較大幅的增加，看來與其投資得法，而當時的股票市場又已騰飛有關；三、自八十年代起，捐獻的金額增幅尤大，給予受助團體的數目已相當可觀，並見證了香港金融市場與社會的進一步脫變（鄭宏泰、黃紹倫，2006）。

進入新千禧世紀的 2001 年，據資料顯示，何東爵士慈善基金的資產已上升至約值 4.5 億港元（HSBC Trustee〔Hong Kong〕Ltd. The Secretary for Justice & Others, 2001），此數字放在今天社會不少巨富大款捐款動輒數億或數十億，無疑並非甚麼天文數字了。但若果我們再想想，1956 年創立時只有五十萬元而已（就算是日後加上中國慈善基金，估計極其量亦不會超過一百萬元），其增值可謂十分可觀，更不用說過去一直有利用其經常性收入捐助大小慈善團體了。

表 5　何東爵士慈善基金創立以來歷年捐獻統計 *

時段	捐款金額（港元）
1956 ─ 1960	4,100
1961 ─ 1965	51,900
1966 ─ 1970	52,500
1971 ─ 1975	1,500,000
1976 ─ 1980	4,900,000
1981 ─ 1985	17,400,000
1986 ─ 1990	10,500,000
1991 ─ 1995	15,300,000
1996 ─ 2000	37,000,000
2001 ─ 2005	24,600,000
2006 ─ 2010	32,660,000
2011 ─ 2015	17,250,000

* 按中英報章報道捐獻的粗略統計，若然捐獻沒被報道出來，則未能包括在內。
截至 2001 年，基金總資產值為 4.5 億元。
資料來源：*South China Morning Post*, various years；《工商日報》，各年；《明報》，各年。

　　即是說，儘管何東當年一念之仁下捐款成立慈善信託基金的金額，只佔何東龐大遺產的一個很小比例而已，但因投資有道、理財有方，加上管理得當，此慈善基金乃逐步發揮了成效，自七十年代起更成為當時社會其中一個別具影響力的慈善信託，備受殖民地政府及社會服務組織的重視（Edmondson, 1977；HKRS No. 70 ─ 7 ─ 398：Social Welfare Fund and Grants-Sir Robert Ho Tung Charitable Fund, 1973；HKRS No. 70 ─ 8 ─ 4227：Sir Robert Ho Tung Charitable Fund, 1976 ─ 1979.），因而亦令何東能在去世後仍可持續為社會作出貢獻，並因此贏來後人的稱頌。

何東與麥秀英在遺產中撥出一定比例用作設立慈善基，造福社會的做法，顯然感染了他們身邊的不少人，其一是何東的情婦朱結地，她自何東去世後，幾乎每年均會在他生辰時，以「K .A.」（朱結地英文名 Kittie Archee 的簡稱）之名，向那些何東生前曾經參與過的慈善團體捐款，金額雖不算多，但卻細水長流，維持了數十年之久，令不少人津津樂道。[12] 其二是何東和朱結地所生的兒子何佐芝，他日後自行打拼事業，創立了香港商業電台，成為傳媒鉅子，晚年時則與太太馮月燕共同創立了何佐芝馮月燕慈善基金，藉此推動慈善事業。其三是何鴻章、何鴻卿、何鴻憲和何鴻毅等孫輩，他們各自在名下財產中撥出一部分，創立以他們自己名字命名的慈善信託基金，按他們自己的志趣和目標推動慈善事業，其中尤以何鴻毅家族基金在推動高等教育、文化藝術和佛教傳播方面最受關注，贏得稱頌。

當然，論最具捐獻感召力的，又非張靜蓉莫屬。她生前積累的財富雖不及何東和麥秀英，卻將絕大多數財產捐出，只是象徵式地遺贈一些給予子孫作為紀念而已，這種「捐身家」的舉動，在上世紀三十年代那個資源十分匱乏的環境下極為觸動人心，成為不少人學習仿效的模楷。由是之故，到了 1958 年，當著名華商鄧鏡波去世時，遺囑中便特別撥出部分財產捐贈東蓮覺苑，用以支持其慈善事業。亦有曾經在寶覺學校任教的老師林啖冰，因被張靜蓉「捐身家」的舉止所感動，在臨終前亦作出了「盡捐平生積蓄」的決定，將名下所有財產全部捐給東蓮覺苑，用以支持其興學弘佛的工作。可見由於張靜蓉生前目光遠大，想到設立永久基金以支持東蓮覺苑的可持續發展核心問題，並以身作則地「捐身家」，其高尚情操乃特別觸動人心，感召了其他人，產生連鎖正面效應，此點也成為東蓮覺苑永久基金不斷增加的關鍵所在，同時亦是該苑今天仍屹立

---

[12] 何東與朱結地所生的兒子何佐芝，在何東去世後表面上看雖沒獲得作為兒子按傳統「諸子均分」原則下應得的「一份」，但顯然亦有其他的補償，所以朱結地對何東一直念念不忘。

於香港島銅鑼灣山光道上，在本地佛教界與教育界具深厚影響力的原因所在。

若果我們粗略地比較何東家族與盛宣懷家族在慈善事業的發展際遇，則不難發現如下三個特點，值得深思：

一、盛宣懷妻妾（亦包括其母親一代的女性）雖然亦曾慷慨捐獻，但帶有明顯的緊跟丈夫步伐色彩，臨終前的捐贈則納於家族的義莊之中，未能獨立行事；何東的兩位妻子則能獨立行事，按本身意願而為，麥秀英的東英學圃、何麥秀英平民義學和何東麥夫人醫局，以及張靜蓉的寶覺學校和東蓮覺苑，一來均由她們一手創立，二來則表現了她們獨立自主的特質。

二、盛宣懷的愚齋義莊及其父輩的拙園義莊，重贍族護宗，其次才惠及鄉黨，最後才是社會，令人看到其施善救濟帶有親疏有別的色彩，而用於贍族的比例尤多，基本上呈現了向家族宗族大量傾斜的問題；何東、麥秀英和張靜蓉捐設的慈善信託基金，其受惠團體乃社會大眾，不分族羣、宗派與階層背景 ── 就算是東蓮覺苑乃弘揚佛教的組織，但進入寶覺學校讀書的，亦不須是信奉佛教者，顯示了大愛胸懷。

三、盛宣懷死後放在愚齋義莊的遺產在當時社會而言其實極為龐大，但既遭子孫瓜分大半，又遭政府多方苛索，加上資本市場多番不利，而按揭借貸又令其開支大增等，令義莊財產最終被耗費殆盡，無法達成他遺愛人間、長存後世的心願；何東與張靜蓉捐作成立慈善信託基金的數目，在他們遺產所佔的比例其實比盛宣懷小很多，幾乎只是其零頭而已，但因有良好的制度保障，加上投資得法，亦吸引更多支持和幫助，令其實力不斷壯大，同時又可持續為社會作出更好公益，所以能夠運作至今，並相信必然能夠繼續下去，達到「以存久遠」的目標。

正如第一章中提及，人生追求的，除了在世時的事業、權力和名望等，還有死後能否留下美名，讓其傳奇故事長存後人心中。要達到這一目的，中國傳統的思想或智慧，是在生時的立功、立言、立德，認為這樣便能不朽。當然，這些都十分重要，但並非人人皆能做得到。但是，在現代資本主義社會，個人憑努力打拼事業，加上良好際遇與有效投資，其實不難積累一定數目的財富。若然他們能放下只將財富傳給子孫血脈的小我觀念，而能在力所能及下撥出部分（或大部分）財富於支持慈善，例如捐款創立慈善信託基金，再利用信託基金的經常性收入持續不斷地推動公益慈善，他們其實亦能因造福後世，得到稱頌而令其名字長存世間，達至不朽。

結語

從某個角度看，歐亞混血且白手興家的何東，無疑乃香港由荒山野嶺變成國際大都會最具代表性的人物。至於令他能夠做出如此耀目成績的關鍵，是他自懂事時起選擇了華人身份，長大後又學得中英雙語，所以能在那個華洋接觸交往、開展貿易的過程中連結各方、遊走政商之間，並可充分利用香港「二元化法制」的竅門或機遇，讓他不但可在商場上點石成金，躍升為香港首富，亦能在政治上指點江山，左右不同政府的決策，從而書寫其在香港、大中華、英國，乃至世界舞台上的傳奇。

名成利就的何東家族，明顯地表現得樂善好施。就以何東、麥秀英和張靜蓉為例，除了生前已經十分慷慨地作出捐獻，推動教育、扶貧恤孤與災難救濟，臨終前更是按各人的意願在遺產中撥出一定比例，用於設立慈善信託基金，再以其經常性收入支持慈善公益，讓其死後仍能繼續為社會作出貢獻，名聲傳奇長留世間，而令他們可以這樣做的關鍵之處，是香港具有保障私產的司法體

系、自由的投資環境、健全的信託制度、成熟的資本市場，以及專業高效的財富管理服務。即是說，在思考設立慈善信託這種長遠發展策略時，不能只思考本身的意願或力量，更應全面和透徹地掌握社會的各種條件與保障，以免顧此失彼，令平生積累財富與良好意願付之流水。

第 五 章

邵逸夫家族的不朽追求

由鄉土走向世界的慈善事業

引言

1956 年，一代「香港偉大老者」（Grand Old Man of Hong Kong）何東以 94 歲高齡去世，尤如商場上一顆巨星殞落。同年，年輕的邵逸夫移居香港，摩拳擦掌準備大展拳腳，則有如另一顆巨星的冉冉上升，日後更在香港、大中華，乃至全世界大放異彩，書寫傳奇。而邵逸夫與何東之間，原來更有不少驚人的相似之處：除了做生意極為精明、善於計算與長袖善舞，大家均兄弟眾多，攜手並肩一起打拼事業，且電影娛樂與地產投資並舉，亦同享高壽，同樣獲得大英皇室賜封爵士頭銜，享有崇高社會地位，而更為重要的，則是本文的焦點所在 —— 大家均慷慨捐輸，大做慈善。雖然邵逸夫並非如何東般乃「香港首富」，但他在慈善事業上的成就，卻又比無數首富或巨富們更為突出，在中國慈善歷史上寫下了極為濃彩重墨的一筆。

所謂「長江後浪推前浪」，邵逸夫的慈善義舉之所以能夠超越何東，甚至是盛宣懷或是范仲淹，一方面既是時代進步所帶來的思想碰撞與啟發，另一方面顯然亦與他胸懷更濶、視野更廣所致。至於香港這個華洋薈萃、匯合中西的大都會自上世紀五十年代走上了工業化道路，然後不斷壯大為國際金融中心，無論經濟實力、社會制度，乃至文化氛圍等，均已脫胎換骨，因而成為支撐像邵逸夫、李嘉誠或呂志和等新崛起社會精英打拼事業、積累財富的重大舞台，同時亦是他們利用手上財富以造福社會的大本營。

香港的生財、聚財、理財和散財地位

掀開中國近代史，香港這個彈丸之地，儘管只是偏南一隅，又缺乏天然資源，但確實創造了驚人神話，既在經濟上取得了突出成就，亦在社會制度方面

別有建樹，兩者的相輔相成、同步前進，則既吸引了四方八面的人才與錢財，亦令四方八面的人才與錢財可以更好發揮，慈善信託基金的來龍去脈與發展進程，便是其中一個最好的實證。

在西方社會，慈善公益被視為乃「散財」事業，缺乏錢財便談不上可以做出甚麼慈善事業（Bishop and Green, 2009；Carnegie, 2011）。正因如此，要發展慈善事業，必須先從「生財」和「聚財」入手，而一個地方若要「生財」，則要有持續不斷的經濟發展，要「聚財」更要有優良的資本市場和資產管理制度，至於香港則具備了這些重要條件，上世紀五十年代以後東西方冷戰時期更為其重大歷史契機，令「生財」和「聚財」獲得了巨大發展空間，取得了同步急速發展。

扼要地說，在上世紀五十年代前，香港經濟高度依賴於轉口貿易。作為中西貨品的轉口中心，令一些像何東般的買辦可以從中致富，但這種經濟模式，雖有賺錢容易的光亮一面，亦有產業沒法扎根的灰暗一面，因為經濟活動與作業未能深化，故未能創造更多本地就業機會，讓民「生財」，帶來更大財富增值空間。可是，五十年代的韓戰爆發，聯合國宣佈對新成立的中華人民共國實施「貿易禁運」，則令香港經濟既陷於巨大困窘之中，但同時又出現了前所未見的「生財」與「聚財」機遇。

令香港可以化危為機，並連消帶打地創造更好發展條件的背景，是當時的香港已經聚集了大量資本、企業家、技術設備和移民等，而這些東西的急速集結，若果不能善加利用和疏導，必然會給社會穩定帶來威脅，這樣便令當時的香港社會出現一種奇特的轉變：一方面是韓戰的烽火仍在燃燒、東西方冷戰日見深重，令社會對再次出現區域戰爭極為擔憂；另一方面是經濟低迷，人浮

於事，但若果自食其力，不怕艱苦，胼手胝足，自行投入生產大潮，則能闖出生天。就在這樣的一股內外張力與緊張氣氛中，尋求和平發展與埋頭苦幹的力量，促使了香港經濟發生脫胎換骨的變化。

具體地說，自五十年代起，無論是企業家或是勞工階層，亦無論是新舊移民或本地居民，他們均心同此理地投身於經濟生產之中，令無論是市區的工廠，或是在山邊、河邊，乃至海旁邊搭建的臨時廠房（俗稱「山寨廠」），均日夜不斷地加班工作，至於各種工業製品 —— 紡織、成衣、玩具、鐘錶、膠花、假髮及各式電子產品等 —— 暢銷全球，「香港製造」則成為價廉物美的代名詞，亦成為香港走上工業化道路的最有力證明（饒美蛟，1997）。

據統計，自六十年代起，香港人均生產總值急劇增長，每年高達雙位數字，市民生活亦大有改善（Szczepanik, 1958），民間財富乃在這個「生財」過程中大幅積累起來，而這樣的繁榮局面，又為香港的金融市場帶來了重大的影響。在資金供應層面，由於市民可以憑雙手「生財」，生活漸漸富裕，開始有積蓄及餘錢，惟將「多餘錢」存放在銀行，只能獲得些微的利息，通漲亦漸見出現，故不少精明的投資者嘗試找尋其他有較高回報的投資途徑。即是說，當時社會出現資金過剩並急欲尋找出路的情況。

在資金需求層面上，雖然不少工業家在五六十年代賺取了可觀的利潤，但他們仍期望能獲更多的資金，以實踐他們開拓企業、搶攻市場的雄心。即是說，由於外圍經濟勢頭良好、商機無限，無數企業急欲吸納資金以擴張規模，攻佔更大市場，從而創造更好的「生財」條件。

對「求財若渴」的公司而言，要獲得資金，除了上市外，當然還可以向銀行申請借貸。但當時借貸並不容易，既要向銀行清楚交待公司財務記錄及發展

前景，又要有物業或工廠設備等作抵押。就算最終貸款獲批核，亦需付出高昂的利息。此外，借貸還要面對時間的限制，通常三五年內便要還清欠款，並不利於長遠投資的項目，加上很多華人企業家仍抱有不賒不借、不欠人錢的傳統觀念。對不少企業來説，向銀行借貸並非資金理想的來源。因此，他們要集資便要另尋出路，另闢蹊徑，而當中不少人便看中了股票市場。

誠然，股票市場是籌集資金的最理想之地，但在七十年代之前，股票市場卻由香港交易所（俗稱「香港會」）一會獨大，壟斷市場，令不少新崛起的華資企業不得其門而入。因為「香港會」不但由英資巨企與股票經紀所把持，上市門檻定得高，審批標準嚴苛。故當時一班華人金融精英如李福兆、胡漢輝及陳普芬等，乃決定另起爐灶，於六十年代末、七十年代初先後創立了遠東股票交易所（俗稱「遠東會」）、金銀交易所（俗稱「金銀會」）和九龍證券交易所（俗稱「九龍會」），股票市場迅速發展起來，一來令社會中的資金供應和資金需求可有效地連結起來，推動更多大規模與更長遠投資，賺取更大利潤，二來則因市場競爭熾烈激發了更多金融創新，因而可更好地吸內外資金投向香港的股票市場，逐步強化其「聚財」功能（鄭宏泰、黃紹倫，2006）。

自七十年代起，香港的股票市場和銀行保險體系雖然曾有起落變化，有時甚至會蒙受內外政經因素衝擊，但基本上沿着不斷壯大、強化和國際化的軌跡前進，在配合國家改革開放與收回香港主權方面，尤其扮演極為吃重的角色，而多方面的機遇與發展，自然地逐步提升了香港股票市場的競爭力，從而打造其作為國際金融中心的地位，令其「聚財」功能更為突出，不但吸納本地民間資金、大中華地區資金，更有亞洲地區和全球資金，所以美國《時代雜誌》於2008年將香港金融中心地位與紐約及倫敦的國際金融中心地位同列，合稱「紐倫港」（Elliot, 2008），可見國際社會對香港的「聚財」功能十分肯定。

　　民間社會有一句順口溜：「你不理財，財不理你」。意思是就算能積聚一些財富，若然不善於管理，財富不會更好的增加。這便帶出另一重大問題：「聚財」後，必須思考如何「理財」。對於此點，早在八十年代，香港金融界其實亦已邁出腳步，在推動股票市場發展的同時，亦着眼於財富管理，而經過一段時間的摸索和發展，亦取得了不少突破。

　　一個地方要做到成功「理財」，基本上必須具備如下三大條件：其一是私有產權的全面保障，其二是資金自由進出流通，其三是金融體制成熟，有利投資創富，讓錢能生錢。前兩者簡單易明，可以不贅，後者亦在前文已有粗略提及，但仍值得多說一些，多作解釋。扼要地說，香港不但具有十分成熟的股票市場，銀行、保險等尤其發達，而且業務十分多元化（鄭宏泰、陸觀豪，2013），至於其中最能說明香港已經躍升為亞洲最主要財富管理中心地位的，莫如基金管理業務的總金額與近年來的迅速發展。舉例說，在 2005 年，香港的基金管理業務合併總資產為 45,260 億港元，到 2014 年已飆升至 176,820 億港元。即是說，在過去十年間，流入香港的基金管理業務，其合併總資產上升了 2.9 倍，其發展勢頭與環球金融與經濟的長期低迷可謂截然不同，背後所反映的，正是香港作為財富管理中心地位的日見吃重，因而才能如巨大磁力場般，吸納了四方八面的資金（證券及期貨事務監察委員會，2016）。

　　長久以來，社會較注意「生財」、「聚財」和「理財」必須有法有道，甚少注意推動慈善公益的「散財」，其實亦必須有法有道。儘管社會總是強調「為善最樂」，但如何能在推行慈善公益時讓善款發揮最大效益，用得其所，實在亦極為重要。由於香港擁有完善的慈善法規，善款能夠退稅，加上對慈善捐款及慈善機構的運作有專業與嚴格的監察，善款運用又相對具透明等，均屬慈善公益能夠充分發揮成效的有力保證。同時，對於公益慈善的種類，香港政府亦

採取寬鬆政策，所以無論是弘揚宗教、扶貧助弱、鼓勵教育、宣傳文藝、推動科究等，均能得到應允與支持，這樣更能配合不同家族在推動慈善公益事業的不同需求、目標與設想。至於利用香港作為慈善總部，捐獻到其他地方，香港的突出優勢，亦能令其慈善義舉可以更好發揮。

進一步說，無論是「生財」、「聚財」、「理財」或「散財」，其實還需另外兩個條件的配合：其一是金融保密，其二是相關專業團隊支援，香港兩者皆備。在高度重視私隱的社會，不少投資者對其資金的出入、調動與投資組合等，均希望得到保護，不欲讓人知曉，而香港的金融保密性（financial secrecy）—— 即金融活動的隱秘性，或反過來說金融運作的透明度 —— 相對較高，在全球的排名僅次於瑞士（Tax Justice Network, 2015），自然較能為客戶提供金融投資和財富管理上的隱私，保障其利益。

事實上，香港對於金融活動較小干預，並給予投資者較多隱私的情況，是有其傳統的，因為香港自開埠始，即承擔了資金自由進出與調動的角色，而這一角色的重要基石，除了對私有產權的全面保障，當然還有財產流動轉移與管理上的隱私。至於回歸後的香港，亦蕭規曹隨，仍然基於這一金融傳統與紀律。即是說，在推動金融服務業上，香港特區政府相信仍會一如既往地為投資者提供最大保障，並成為強化其資產管理中心地位的重要因素之一。

除了金融保密性，香港的資產管理專業服務支援亦相當突出。無論是創立並執行信託，抑或是財富管理、落實慈善公益事業，乃至利用信託基金照料親屬等等，均需不同專業服務團隊作出支援和配合。香港因一直走在城市化和現代化的前沿，加上過去已一直深耕專業服務，並且有殖民地時期建立的結合中外西東的特殊體制，所以打造出一個既能了解中國文化，融合傳統與現代價值，又可走向世界的專業行業，備受中外社會的高度重視與肯定。

可以這樣說，香港的專業服務團隊一方面具備了專業性高、可靠性強、值得信賴等特點，另一方面則具備專業服務多元多樣的優勢，還有一點則是各種服務可與西方世界 —— 尤其英美體系 —— 接軌。即是說，由法律服務、銀行服務、私人投資顧問、會計核數、公司秘書，乃至家族辦公室及子女照顧等專業服務，香港均一應俱全，而且質素好、選擇多、水平高，甚至可環環緊扣，給予全線支援（鄭宏泰、黃紹倫，2006）。

更加不容忽略的，還有其他諸如：香港沒有資本增值稅、沒有股息稅、沒有利息稅，更加沒有遺產稅等極為吸引的優勢，這些都是資產管理和傳承財富時不能不認真考慮的重要因素。正因香港具備了以上多項重要金融服務與財富管理基礎和優勢，說香港乃設立信託基金，支持世家大族創業垂統，書寫傳奇的不二之選，在大中華、亞洲，乃至世界，實在應該不會受到太多質疑。至於邵逸夫家族利用香港的位置創造輝煌，尤其在推動慈善事業上取得重大突破，則是最好說明，下文乃以之作為深入探討的焦點。

邵逸夫家族的奔走滬港與南洋

近代中國歷史可說走過一條崎嶇曲折的道路 —— 大國國力急速滑落，先是屢遭外侮，割地賠款，繼有內戰不絕，動亂交侵；人民則在這個過程中顛沛流離，離鄉別井、飄洋海外；然後，在歷盡劫難中，亦在無數國民不斷摸索學習和埋頭苦幹下，迎來了民族復興；至於像邵逸夫家族般的例子，則既見證了那個曲折發展歷程，亦從那個歷程中書寫了傳奇，豎立了豐碑。

要訴說邵逸夫家族的傳奇故事，雖然可以追索到很多世代以前的足跡和發展，[1] 但更為現實的切入點，當然是他的父親邵鏞（字行銀，號玊軒，1866 – 1920）一代。然而，坊間眾多對邵鏞出身及背景的介紹，則頗有出入，主要指他父親在家鄉經營漂染生意，邵鏞則克紹箕裘，繼承衣鉢，到其父去世後，他選擇離開家鄉，前赴上海闖天下，日後才有了創業舉動，開辦了「錦泰昌」顏料號（竇應泰，2008；祝春亭、祝敏娟，2008）。

但是，據上海近代文獻館於 2009 年發表的內容，祖籍浙江寧波鎮海縣莊市朱家橋鎮老邵村的邵鏞，其實並非早年跟隨父親經營漂染生意，而是與很多白手興家的生意人般，有一段因父早逝，只好青年時離開校門，先行「打工」，然後在略有積蓄，並掌握技術與營商網絡後，才選擇創業，自立門戶，踏上了經商門徑的特殊經歷。以下是有關邵鏞創業歷程的簡略介紹：

> （邵鏞）早歲家貧，棄學從商，14 歲於湖州烏鎮藥（學校）肆業。時滬上開禁，邵氏隻身奔滬，就業於萬隆順顏料號。不數載，被推為萬豐盛福記經理。1901 年與人合資，在上海豆市街開設錦泰昌顏料號，經 20 年之苦經營，名馳滬埠商界。
>
> （上海近代文獻館，2009）

至於寧波出版社於 2006 年出版的《邵氏宗系匯集》引述的邵鏞墓誌銘內容，則與上海近代文獻館所述一致，並指邵鏞上有一兄，名為邵行金，年 27 去世，下有一弟，名為邵行玉。

---

[1]　據說，邵氏家族乃北宋名儒邵康節（邵雍）的第三十二世孫（上海近代文獻館，2009），應是宋室南渡後，才由河南移居浙江寧波鎮海（《邵氏宗系匯集》，2006）。

　　無論哪一說法屬實，邵鏞創立（另一說是與人合夥）錦泰昌顏料號後，確實生意愈來愈好，他後來乃成家立室，娶了王氏為妻。至於他隨後生意更為順利，則令其個人財富日多，社會地位亦有所提升。進一步資料顯示，由於邵鏞工作勤勞，經營手法又十分靈活，闖出名堂後的他，與不少上海名人如朱葆三、虞洽卿、盧永祥等頗有交往（任方，2015），更「與政界中維新派人士經常往來」，另一說法更指他甚至曾「資助辛亥革命」（上海近代文獻館，2009）。[2]

　　在那個強調多子多福的年代，邵鏞與妻王氏亦誕下子女成羣，一共育有六子（仁傑、仁棣、仁枚、仁檀、仁楞、仁楚）二女（名字不詳），其中除仁檀早夭外，其他子女皆有所成（《邵氏宗系匯集》，2006：51 － 52）。更為重要的是，邵鏞十分重視子女教育，尤其強調西式教育，所以自小即將他們送到上海的教會學校唸書，接受西式良好現代教育，這方面的人力資源培訓或投入，成為他們日後打拼事業的最大「資產」，而邵氏家族在那個年代而言，算是家大業大了（竇應泰，2008；祝春亭、祝敏娟，2008）。

　　邵鏞和錦泰昌顏料號在上海雖有一定名氣，但令邵氏家族名揚四方，在歷史上寫下重要一筆的，卻是其諸兒子和他們自行創立的影視傳媒事業，其中又以邵仁楞 —— 又名逸夫 —— 最為顯赫，影響最大，至於這個家族的曲折發展過程，則既見證了影視傳媒行業在近代中國的發展歷程，亦折射了中國文化在海內外 —— 尤其在南洋（東南亞）一帶的傳播。

　　具體地說，邵鏞在上海闖出名堂，積累一些財富後，他那羣在上海華洋雜處社會中成長，且已接受西式教育和西方文化的兒子們，則成為推動家族更上

---

[2]　此點很可能影響其長子邵醉翁，因他年輕時亦積極參與上海的政治及社會事務，頗為活躍（《申報》，1921 年 8 月 31 日及 1922 年 6 月 22 日）。

層樓的主力軍。當中，擁有法律學歷，並曾擔任律師的長子邵仁傑（又名醉翁）則成為領軍人，因邵鏞去世較早（1920 年去世時才 54 歲），[3] 邵仁傑隨即將錦泰昌顏料號的股份出讓（《申報》，1921 年 2 月 23 日），專心於自己有興趣的生意，而那個吸引他垂青，且要號召多名胞弟大力發展的，則是當時方興未艾，但卻被視為潛力無限的電影製作與發行業。[4]

正因注意到電影行業的巨大發展空間，邵醉翁於 1924 年與諸弟 —— 主要是二弟邵仁棣（又名邨人）和三弟邵仁枚（又名山客），邵逸夫則當時年紀尚幼，仍在上海美國人創辦的青年會中學讀書，但課餘之時已開始接觸電影製作 —— 於 1924 年組成了天一影片公司，邁出了電影製作的腳步，並憑首部影片《立地成佛》打響名堂，然後在接二連三的賣座影片中搶佔了電影市場的一個席位（《申報》，1925 年 12 月 26 日；鍾寶賢，2004）。

天一影片公司鋒芒畢露、不斷擴張，招來了競爭對手 —— 尤其擁有市場主導地位公司 —— 的圍剿，令其遭遇了發展上的困局，並促使邵山客遠赴南洋，以期另闢蹊徑，開拓海外華人市場，而這一「走出去」的策略，不但令其在日後取得了巨大成效，亦改變了邵逸夫的命運（詹幼鵬、藍潮，1997：38）。

---

[3] 　上海《申報》留下一些有關邵鏞和錦泰昌顏料行的記錄，主要是錦泰昌的一些業務輳輳（《申報》，1908 年 10 月 8 日、1916 年 8 月 4 日及 1921 年 2 月 23 日）和邵鏞的一些慈善公益，其中尤以他五十大壽時捐款 100 元予中國救濟婦孺總會一事，獲得該會刊報鳴謝（《申報》，1916 年 9 月 17 日）。當然還有邵鏞於 1920 年去世時，由邵仁傑諸子所刊登的訃聞（《申報》，1920 年 9 月 20 日及 1920 年 10 月 27 日）。至於邵鏞去世後葬於鎮海莊市王人浦邊，其墓碑據說由近代書法家唐駝題書，並有康有為、譚延闓、盧永祥等名人贈送挽聯（上海近代文獻館，2009）。

[4] 　據何文翔（1995：37）記述，邵鏞在經營顏料之時，曾「兼營財務等多種生意」，意指經營當押業務，並因上海劇院「笑舞台」的老闆無力還債，把「笑舞台」以直接典當方式還債（「斷當」），邵鏞乃派時為律師的兒子邵醉翁接收戲院，因而有了邵氏兄弟走上拍攝電影並染指娛樂事業的道路（何文翔，1995）。

扼要地說，邵山客到南洋後（初期是新加坡，後擴展至馬來亞及其他地方），察覺到兩個特點：其一是當地市場雖為大公司壟斷，但並非無懈可擊；其二是主要城市外的鄉鎮市場尚未完全開拓。惟如何打破壟斷與開拓城市以外地方市場，則既需資源，又需人手。於是他向上海求援。而年輕的邵逸夫對電影製作興趣濃厚，又有天分，所以1926年中學畢業後即應兄長要求，離滬遠赴南洋，一同開拓當地市場，踏上了影視大亨的輝煌道路。

憑着懂得靈活變通，又勇於創新，且敢拼肯捱的企業家精神，邵山客與邵逸夫兩兄弟一方面以逐個擊破的方式向那些中小型戲院入手，提供優惠以吸引其播放天一影片公司的製作；另一方面則組織了「流動播影隊」（即在汽車中裝上放影機，向城市周邊的鄉鎮巡迴播影）。兩者均取得突破，不但能令天一影片公司的製作能逐步打進城市主流戲院市場，亦開拓了鄉鎮的新市場，一舉兩得，利潤亦因營業額持續上揚而大大提升。由於有了一定實力，兄弟二人乃承包了新加坡英華戲院、吉隆坡中華戲院、怡保萬景台戲院及馬六甲一景團影戲院，擴張其影片播放網絡。

接着，他們又利用手上滾存日多的資金，入股或收購新加坡的新世界遊樂場和大世界遊樂場，同時又收購不少中小型戲院，進一步擴大影片發行網絡。為了應對日益擴張的業務，兩人於1930年在新加坡成立了邵氏兄弟公司（Shaw & Brothers，簡稱 SB），此舉標誌着二人實力已今非昔比，亦說明他們已經崛起成為南洋一帶備受注目的電影娛樂業新星。到了1934年，邵氏兄弟公司據說「已擁有四十多家大小戲院」（詹幼鵬、藍潮，1997：30），實力可謂不容小覷。

　　成功的企業家，除了必須具備靈活變通、勇於創新和勤勞愛拼的個性，更需擁有敏銳的商業觸角，對市場變化有全面透徹掌握的特質，邵逸夫顯然正是如此。三十年代初生意蒸蒸日上之際，他已察覺到時代變化所帶來的發展機遇與挑戰，原因是那時的電影其實是沒有聲音的「默片」，而歐美不少國家已開始攝製有聲電影，並掀起了熱潮。為此，邵逸夫在和兄長商量後，決定隻身遠赴美國，一來購入新式設備拍攝有聲電影，二來是親身學習相關技術，尤其參觀或見識了被視為「製夢工廠」的荷里活影城，後者令他印象極為深刻，並成為驅使他日後不斷努力的學習、追求的目標。

　　與此同時，日軍在 1931 年 9 月 18 日入侵東三省，接着又在 1932 年 1 月 28 日入侵上海的連串舉動，令邵醉翁在深入思考後，決定將部分業務與投資分散到香港，並親自前往開拓，上海的業務則由邵邨人主持。1932 年，邵醉翁在香港創立了「天一港廠」，籌備拍攝工作，而邵逸夫在美國購入的有聲電影拍攝設備，則成為邵醉翁在港大展拳腳的「殺手鐧」，日後製作了由薛覺先與太太唐雪卿主演的粵語片《白金龍》，轟動社會（詹幼鵬、藍潮，1997）。

　　邵醉翁在港的業務不斷發展之時，卻兩次招來祝融，其中發生在 1936 年的第二次火災，更燒掉了他積存多年的電影拷貝和菲林（拍攝用的膠片），損失十分慘重，而更為嚴重的，是挫敗了他打拼事業的雄心壯志，令他對前途失去信心，從此一蹶不振，只能將發展電影事業、光大家族門楣的心願，寄託到諸位弟弟身上。儘管邵山客及邵逸夫等曾多番給予安慰和支持，希望他重新振作，但邵醉翁還是心灰意冷，從此淡出了電影業，由香港返回上海，過着不問世事的半隱居生活（竇應泰，2008；祝春亭、祝敏娟，2008）。

相對於邵醉翁事業路途的起落跌宕，邵山客與邵逸夫在南洋的發展則較為順利，尤其是自他們利用有聲電影的設備攝製了多部有聲電影，並獲得市場良好反應後，令其生意更上層樓，利潤節節攀升，在市場上的佔有率亦不斷增加，其中最明顯的指標，是公司名下擁有的戲院在三十年代中已增加至五十多家，令兄弟二人「成了南洋的戲院大王」（詹幼鵬、藍潮，1997：38）。

1937 年，邵逸夫在新加坡與黃美珍結婚，而婚後的黃美珍則先後為邵逸夫生了二子（邵維銘、邵維鍾）二女（邵素雯、邵素雲）。同年，抗日戰爭爆發，中華大地上烽火四起，百姓顛沛流離，親人四散，香港和南洋則尚能維持和平。雖然那時的上海租界亦未陷入日軍之手，但邵邨人因胞兄決心淡出事業，於 1938 年南下香港，接掌了「天一港廠」的業務，並將之易名南洋影片公司，繼續其電影拍攝與放映的生意，進展仍然相當理想。至於邵山客與邵逸夫在南洋的生意，同樣能夠維持良好發展格局（鍾寶賢，2004）。

1941 年 12 月，日軍進一步擴大戰爭範圍，先是偷襲珍珠港，促使美國加入戰爭；又入侵香港與南洋各地的英國殖民地，令英國亦捲入與日本的戰火之中；一場覆蓋面更廣，令無數生靈塗炭的太平洋戰爭，於是全面爆發。由於珍珠港、香港及南洋等地的防衛力弱，各地先後遭到嚴重破壞，並一度落入日軍之手，無數人民及家族自然亦遭遇了生離死別、親人四散之苦。為此，邵邨人逃難返回上海，與邵醉翁一同過着半隱居的生活。身處南洋的邵山客和邵逸夫曾一度落入日軍之手，命懸一線。邵山客被日軍抓去做苦力，備受折磨，邵逸夫則被日軍關押了七天，幸運地獲釋，之後憑一些尚能經營的戲院維生，一直撐持到 1945 年 8 月 15 日抗戰勝利。

　　日軍投降，恢復和平後，邵邨人迅即自上海返回香港，接管南洋影片公司，而邵山客與邵逸夫則重振邵氏兄弟在南洋的業務。到了 1948 年，南洋影片公司易名邵氏父子公司（Shaw & Sons），簡稱 SS，與邵氏兄弟公司的 SB 互相輝映，成為一時美談。邵氏父子公司的生意雖然起初頗為亮麗，隨後卻因競爭日劇而逐步回落，邵邨人更一改發展策略，由原來的拍攝與播放，轉向減少拍攝，而是購入戲院強化播放，同時亦開始了物業投資，收購地皮。反而邵山客與邵逸夫在南洋的生意，則仍將重點放於拍攝，同時經營戲院播放，發展勢頭頗為凌厲，並不斷取得營業額上的突破。

　　到了 1950 年，對新生事物總是特別敏感和興趣濃厚，且較易吸收的邵逸夫，再次踏上了赴美之旅。此次的目的，則是考察當地電影及娛樂行業自二戰結束後的發展狀況，尤其是深入了解如何引進新的攝影與播放技術，希望藉此為自身的電影生意注入活力。除了美國，邵逸夫還踏足歐洲和澳洲，深入了解先進國家的發展情況，吸收經驗。

　　完成了歐美的考察之旅後，邵逸夫與邵山客重新規劃了發展策略，重點是多元發展與全面進攻，具體實踐則是一方面投資購入新式拍攝設備，製作更切合市場要求與口味的電影，尤其彩色電影，另一方面則是見縫插針地收購戲院與娛樂相關業務，強化經營網絡與投資協同效應，結果令邵氏兄弟公司的業務與實力有了進一步提升。到了 1956 年 —— 即兄弟二人踏足南洋發展業務的三十週年日子，公司已在新加坡、馬來西亞、泰國、越南和印尼「擁有一百三十多家」戲院（詹幼鵬、藍潮，1997：38；鍾寶賢，2004；祝春亭、祝敏娟，2008），可見其取得的驕人成績。

　　邵山客和邵逸夫在南洋的發展雖然氣勢如虹，邵邨人在香港卻因行業競爭激烈表現得意興闌珊，並打算逐步淡出電影行業。此舉讓邵山客和邵逸夫感到甚為可惜，覺得香港發展空間不錯，不應放棄，惟多番電報書信往來，勸阻遊說，依然無法令邵邨人回心轉意，令邵山客和邵逸夫最後作出了二人必須分道揚鑣 —— 一人留在南洋繼主持大局，另一人則轉到香港接掌邵氏父子公司電影業務 —— 的重大決定，而負責到香港開拓市場的人物，則是邵逸夫。

　　1957 年，邵逸夫由新加坡轉到香港，與二哥邵邨人商談如何接掌邵氏父子公司的電影業務事宜，大家不但順利完成交接，更從邵邨人手中收購了其位於西貢清水灣近 80 萬平方呎的地皮，計劃仿效美國荷里活，闢作電影城，並隨即籌劃建築工程。與此同時，邵逸夫又在 1958 年成立邵氏兄弟（香港）有限公司，為大張旗鼓、投入市場豎起大旗。更為重要的策略，是多方齊下的四出招兵買馬，增強軍力。其一是重金禮聘在電影製作和宣傳方面別具才氣的鄒文懷與李翰祥加盟；其二是以「吃飯」的戰術「挖」得著名影星林黛和李麗華等「過檔」。雙管齊下的舉動，令公司旗下一時人才濟濟，而且士氣如虹、鬥志旺盛。結果旗開得勝，聲名鵲起。其中又以李翰祥導演的黃梅調電影《貂蟬》和《江山美人》兩片最備受注目，既贏得了票房（財政收益），又得到了口碑（國際獎項），乃名副其實的名利雙收。

　　進入六十年代，邵逸夫領導的邵氏兄弟（香港）有限公司，還拍攝了《香港小姐》、《梁山伯與祝英台》及《後門》等多部屢創佳績的電影，令公司名氣更盛，收入更是有如「豬籠入水」（大有進賬），但旗下炙手可熱的影星林黛的自殺，卻令公司失去一顆極為重要的「搖錢樹」。惟主要競爭對手 —— 國際電影懋業有限公司（簡稱「電懋」）的老闆陸運濤（馬來亞華商巨賈陸佑長子）—— 於 1964 年的飛機失事中喪生，令「電懋」因失去靈魂領導人物而

滑落，令邵氏兄弟（香港）有限公司間接獲得了搶佔市場空間的機會。還有一點不容忽視的，是興建多年的清水灣電影城於 1965 年落成，因而令邵氏兄弟公司更加如虎添翼，有了更為龐大的發展實力與資源（鍾寶賢，2004）。

有了更為豐富的電影資源的邵氏兄弟公司，在六十年代中，起用張徹拍攝功夫電影《獨臂刀》，並因此掀起了新的電影熱潮，為公司帶來另一系列「生財」影片。至於另一具里程碑意義的發展，則是港英政府於 1965 年宣佈開放廣播空間，發出免費電視專營牌照。邵逸夫聯同利希慎家族的利孝和，以及另外多名商業精英，[5] 組成財團 —— 香港電視廣播有限公司（俗稱 TVB），參與競投，並擊敗包括主要對手香港麗的呼聲在內的八家競投財團，獲得經營牌照（《大公報》，1966 年 1 月 27 日）。連番籌備後於 1967 年正式啟播，掀開了香港廣播事業及娛樂文化的新編章，日後為邵逸夫帶來另一方面的巨大投資回報。

免費電視廣播邁出發展腳步之時，邵氏兄弟公司的業務亦如日方中，發行並拍攝多部膾炙人口且十分賣座的電影，加上他在本地市場中居主導地位，所以贏得了「中國電影大王」的稱號（何文翔，1995：36）。進入七十年代，公司的前進步伐則有不少變化：其一是原來的合作夥伴鄒文懷因為意見不合而離去，自立門戶，創辦嘉禾公司，與邵逸夫打對台，直接競爭，窒礙了邵氏的發展步伐；其二是錯失了李小龍和許冠文等別具潛力的明星，令他們反而成為競爭對手；其三是推動邵氏兄弟（香港）有限公司於 1971 年上市，令公司發展進入另一台階（鍾寶賢，2004；祝春亭、祝敏娟，2008）。

5　除了利孝和與邵逸夫，參與者還包括：和記企業的祁德尊、經緯投資的余經緯（余東璇兒子）、滙豐銀行的賴理、太古有限公司的甘敏、英國國際電視企業的史德靈、民樂有限公司的利榮森（利孝和胞弟），以及南海紡織的唐星海等（鄭宏泰、黃紹倫，2011）。

　　總結邵氏家族的發展軌跡，我們不難看到，由邵鏞一代創業於上海，做出一定成績，可惜卻不獲諸子青睞，未肯繼承。第二代的邵醉翁另闢蹊徑，搞起電影拍攝與播放的生意，並令諸兄弟全心一意地投入其中，各展所長。其中邵逸夫中學未畢業即參與電影攝製，一踏出校門更隻身遠赴南洋，與兄弟合力開拓當地市場。身為長兄的邵醉翁，後來則轉到香港發展，留下老二邵邨人於上海。邵氏兄弟諸人足跡可謂遍及滬港與南洋，在行業中既享有名氣，亦深具影響力。惟接着的三十年代中至五十年代中，由於國內外局勢轉變與個人際遇不同，令他們對事業發展呈現了分歧，並踏上了不同的人生軌跡。其中又以邵逸夫對於影視業的執着與鍥而不捨，日後為家族、香港，乃至中華民族書寫了更為濃彩重墨的一筆。

達則兼善天下的思考與實踐

　　正如早前各章中提及，儒家教導的「窮則獨善其身，達則兼善天下」思想，烙印在不少中國人的心坎中，所以無論是范仲淹、范仲溫、盛康、盛宣懷，或是何東和張靜蓉等，當他們有了一定財富後，必然會想到如何更好地讓手上財富回饋社會，造福大眾，從而提升個人及家族在社會中的名聲與地位。至於邵逸夫家族自然亦是如此，惟其對如何更有效實踐慈善義舉，則明顯有另一番的思考和綢繆，且因時代與社會條件變遷而轉變，值得我們深入分析與研究。

　　資料顯示，邵鏞在上海闖出名堂後，亦如不少由貧致富且幹出成績的同鄉般，開始了回饋社會、報答桑梓的慈善捐獻行動，並以助弱扶老、修橋築路及修築宗祠為主。這些公益義舉，均記錄在家鄉的文獻或相關捐獻義舉的碑石上，他本人墓誌銘上的記述是「在里時，治橋樑，浚畎澮，以逮布施錢米，濟困恤貧諸義舉，罔不慷慨勇為。在滬則於慈善事業尤樂輸助，數十年不懈也」（《邵氏宗系匯集》，2006：50－51）。

事實上，若我們綜合當時上海《申報》的一些相關報導，確實亦可找到邵鏞在慈善公益方面的一些舉動：一、他曾斥資資助上海四明公所，支持該公所的慈善公益；二、他曾捐款在家鄉鎮海修築渡橋與海堤，改善交通及防止水災；三、他曾牽頭並捐資修建朱家橋的道路，並修繕家鄉的祖廟（《申報》，1908年10月6日、1918年11月7日、1916年9月17日）。以上的各項公益活動，與上海近代文獻館（2009）有關邵鏞生平行宜的記述一致。即是說，傳統文化中的「達則兼善天下」慈善公益思想，確實深深地植根於無數人的心坎中，並因世代環境與物質條件的不同，有了截然不同的施善目標與方式。

到邵逸夫飛黃騰達之後，他顯然亦會想到留芳後世與回饋社會的問題，而這種思想更會隨着其年齡愈高而發生變化。一個有趣的故事是，1966年，因應個人進入六十甲子的日子，邵逸夫據說找人為自己鑄造了一座銅像，計劃安放在邵氏影城的大門前，其舉止明顯讓人覺得他是要為自己豎碑立石，自我表揚一番，讓那些踏足邵氏影城的人知悉自己事業做得有多偉大。到了快要豎立銅像之時，邵逸夫據說找了宣傳部主任陳銅民（香港著名導演陳可辛的父親）徵詢意見，卻遭對方大潑冷水。陳氏提出三點原因：其一是一般情況下，只有人死後才有資格豎立銅像；其二是活着的人豎銅像，太過招搖，會招人笑柄；其三是即使豎立銅像，也不能豎立在自己的家門口，應該豎立在公眾場所（詹幼鵬、藍潮，1997：271）。

對於陳銅民的意見，邵逸夫覺得有道理，因而放棄了為自己豎立銅像的想法，將銅像存放在道具倉庫中，事件亦不了了之。[6] 惟此點則明顯揭示一個十分清晰的觀念或思考：從那時開始，邵逸夫已有了如何令自己名存後世、受人

---

[6]　相關的說法，可參考何文翔（1995：40）的介紹。此點反映其舉動，可能已屬行內人所共知的趣事了。

敬仰的意圖或追求。更為重要的是，他應是從這次事件中領悟了如何推動慈善公益的一些原則或哲學：一、就算要令自己名存後世，亦不能過於招搖；二、就算要豎碑立石，亦應豎立在公眾場所，而非自己的家門口。

在接着的歲月中，邵逸夫開始了「零售式」的多番捐獻行動，主要是教育、醫療和推動表演藝術方面，其中較受注目的捐獻計有：1973 年給蘇浙公學捐款五十萬元，讓其創立圖書館和採購圖書，而圖書館則以邵逸夫命名；1974 年，再向蘇浙公學捐資一百萬元，用於興建新校舍，而新校舍亦以邵逸夫命名；因應邵逸夫的慷慨捐助，英女皇於同年授予他 OBE 勳銜，以資獎勵；1975 年，捐款理工學院（即現時的理工大學），興建教學大樓及綜合活動中心，該建築以邵逸夫命名；1977 年，邵逸夫捐款六百萬元支持香港藝術中心興建大樓，該大樓同樣以邵逸夫命名；同年，英女皇為了獎勵其捐獻更授予他爵士頭銜，令他成為香港娛樂界首位獲贈爵士頭銜的人（詹幼鵬、藍潮，1997：271）。

與何東相似的是，透過慷慨捐輸，邵逸夫不但贏來了社會的稱許、歌頌與認同，同時亦有了大英皇室或殖民地政府授予的勳銜爵位等回報，至於更為重要的，則是他從捐獻中落實了將個人「銅像」豎立在公眾場所的目的 —— 當然，這裏所說的「銅像」，並非按他外貌雕刻塑造的實體銅像，而是不落形相但卻更為實在直接的建築物或大樓的命名權，令其名字鑴刻在社會公眾聚集的大樓或建築物之中，融入到民眾 —— 尤其青年學生們 —— 的生活之中。

為甚麼要特別提到青年，因為在接着的日子中，邵逸夫的大多數捐獻，基本上都在於支持教育，尤其是興建教學大樓或相關設施，主要受眾多為青年，當然亦有少部分捐款是用於興建醫療設施及救濟方面。這種慈善捐獻手法，在經過七十年代的一段時間摸索，並收到良好效果後，明顯強化了他的捐獻信念

與思考。俟後的八十年代，當他在評估過身家財富不但自己一輩子花不完，就算是子及孫輩兩三代人，亦不會花得完後（*South China Morning Post*, 23 September 1984；黃霑，1982），其在捐獻上的慷慨，出手的潤綽，則更是明顯、清晰。即是說，由於覺得留給後代的財富應不會花得完，他應是選擇由自己支配那些財富，盡量捐輸，利用那些財富為自己塑造多些「銅像」，豎立於香港、新加坡、馬來西亞、中華大地，乃至全世界不同地方的不同公眾場所上，讓自己的名字與傳奇故事，為世人所知悉、念記。

走出獨特捐獻新路

從資料上看，1957 年邵逸夫轉到香港發展的同時，他於 1958 年已與兄長邵山客共同撥出部分家族財產，在新加坡創立了「邵氏基金」，主要用於新加坡和馬來西亞的教育和醫療慈善公益事務。當他在香港的發展取得更大突破，身家財富大幅飆升之後，應是想到在香港進行慈善公益事業的事宜，因而在 1973 年 —— 即邵氏兄弟（香港）有限公司上市翌年，同樣撥出一個比例不小的家族財產（部分更屬公司股份），[7] 用於創立了「邵氏基金（香港）有限公司」，之後再成立「邵逸夫慈善信託基金」，作為推動慈善公益事業的兩頭馬車。

正因這兩個信託基金是在香港金融市場開放之後成立，在概括介紹邵逸夫別樹一幟的慈善公益捐獻事業之前，我們必須扼要地談談香港投資環境自七十年代以還的重大變化，因此點實乃支持邵逸夫持續不斷作出捐獻的力量源泉。具體地說，儘管邵逸夫身家豐厚，富甲一方，但若那些投入的資金不能持續增

---

[7]　正因基金的部分投資為邵氏兄弟（香港）有限公司的股票，所以日後財富增長極為可觀，獲得了令人豔羨的回報。

加 —— 即俗語中的「錢生錢」，則捐獻必不能持久，此點正是本文開首時提及由生財至聚財，然後走向理財與散財的問題。

上世紀七十年代前，雖然香港的股票市場頗有發展，且已有八十多年的歷史，但仍相對封閉，不是有很多企業能順利上市集資，更非普通民眾可以輕易投資，顯示資本市場尚未能發揮巨大聚財與生財效果，這樣的投資環境自然不利信託基金的投入和扎根。但是，自股票市場在七十年代開放，不少中型企業亦能上市，而普羅民眾則能將積累的財富投向股市之後，資本市場迅速發展起來，連帶銀行、保險及其他專業金融服務等，亦有了強大的生長活力，資金投入的回報率，自然十分可觀，因而促使香港發展成國際性或地區性金融中心或資本管理中心（鄭宏泰、黃紹倫，2006）。

即是說，察覺到資本市場開放有利資本積聚和增長，邵逸夫不但一手將邵氏兄弟（香港）有限公司上市，亦以手上部分資金成立慈善信託，購入藍籌股份或物業地產，作長錢投資，讓其「以錢生錢」，帶來更好回報。一個不爭的事實是，自從股票市場在七十年代開放後，儘管曾有股災及市場波動與低迷情況，但因零散資金可以凝聚成巨流，令大中規模的企業可獲得更雄厚資金的支持，因而可以推行更多大型與長遠投資，帶來規模經濟、產生更多協同效應，進而刺激社會建設、科研與創新，進一步帶動經濟及社會發展。邵逸夫那時創立的信託基金，自然亦在這個重大社會脫變過程中同步成長、水漲船高。

更加不容忽視的一個重大發展，是八十年代的邵氏兄弟在電影業上的表現雖然已不如六七十年代般一枝獨秀、「豬籠入水」（財源廣進），但電視業卻蓬勃發展起來，電視廣播有限公司（TVB）迅速崛起成為香港電視業的龍頭，被社會形容為「大眾文化的霸主」（陳啟祥，1995：85）。然而，領導這家重

要企業的利孝和，卻不幸於 1980 年去世，其太太陸雁羣又無意代夫上陣、踏足商場，邵逸夫乃「頂上」成為主席，掌控了這家主導了香港大眾傳媒的機構。而他日後不斷吸納股份，更令他成為該公司的最大單一股東，不但緊握大權，亦分享其最大盈利，邵逸夫更變成了 TVB 的代名詞，令他名利雙收，既有更大力量推動公益慈善，而名氣壯旺又助其推動 TVB 及電影製作，可謂相輔相成。

由此可見，邵逸夫之所以能夠在俟後的日子中，可以有財力不斷捐輸，為社會作出更多更大貢獻，令自己和家族留下美名，積累陰德（軟實力），顯然與邵逸夫名下財富日多有關，因他的人生際遇似乎不錯，不同階段總有令人意外的收獲，例如電影投資走下坡時，電視業興起，原香港電視廣播有限公司大股東兼主席本來是利孝和，但他在八十年代初突然去世，該位置俟後由邵逸夫頂上，並在接著的歲用中主導了香港電視廣播的發展，個人財富進賬自然愈見豐厚，令慈善基金實力愈壯；至於基金本身可以從資本市場中「錢生錢」，帶來更多可觀回報，實在亦極為重要。可見有助信託基金發展的環境，除了要能保障私產、具公正透明制度，以及具發展動力的經濟與商業環境，更需有利資本增長回報的沃土。

正因名下及慈善基金的資金不斷增長，所以他在進入八十年代後的捐獻顯得尤其進取、慷慨，以下是一些重要例子：一、捐款香港大學，興建了邵逸夫樓和邵仁枚樓，作為教學大樓；二、捐款香港中文大學，用於興建該大學第四所書院，是為逸夫書院；三、捐獻給香港城市理工（日後轉名為香港城市大學），興建圖書館及綜合教學大樓，以邵逸夫命名；四、捐款香港浸會學院（即現在的香港浸會大學），興建逸夫校園。

當然，更為吸引中外社會眼球的，則是自八十年代開始，他因應內地教育及醫療設施不足問題，持續不斷地作出大量捐獻，興建大小無數以他名字命名的教學大樓、醫學大樓、健康中心、圖書館、文娛中心、中小學校等，其慈善義舉，達到前所未見的地步。「自 1985 年以來，（邵逸夫）先生持之以恆地為內地教育事業捐贈約 47.5 億元港幣，在各級各類學校共建設項目 6,013 個，遍佈全國 31 個省、自治區和直轄市」（郝平，2014）。結果，在中華大地上，無論高等院校或是中小學，幾乎到處可見「邵逸夫」的名字（中國教育發展基金會及教育部港澳台事務辦公室，2014）。而中國科學院更在 1990 年將其在宇宙發現的一顆小行星命名為「邵逸夫星」，以表揚其對中國科學探索的慷慨捐輸（竇應泰，2008），此舉顯然已把邵逸夫的「銅像」豎立到了太空。

表 1 是引自中國教育發展基金會及教育部港澳台事務辦公室編印（2014）《企業翹楚慈善楷模：紀念邵逸夫先生逝世一周年》一書，有關邵逸夫自八十年代至 2013 年間捐獻支持中華大地辦學救濟的金額統計數字和分佈情況，我們可以清楚地看到，確實在全國的絕大多數地方 ── 尤其城市地區，均有邵逸夫的「足跡」或「影子」，進一步支持早年那種「就算要豎立銅像，亦要豎立在公眾場所，而非自己的家門口」的意識或目標。更為重要的是，邵逸夫不只在香港、南洋和中華大地上大量捐獻，亦向世界重點大學如英國的牛津大學、劍橋大學，以及美國的哈佛大學與耶魯大學等捐獻，因而令那些以其名字命名的建築物，豎立在全球大部分角落上（竇應泰，2008）。

表 1 邵逸夫在中華大地捐建教學大樓的金額統計（截至 2013 年）

地點	年份	捐贈項目數量	累計捐款（萬元）
北京市	1987 － 2012	49	25,260
天津市	1987 － 2012	22	6,120
上海市	1987 － 2012	31	9,190
重慶市	未知－ 2013	186	13,355
河北	1989 － 2012	253	14,408
山西	1989 － 2013	180	12,960
內蒙古 *	1989 － 2012	209	15,590
遼寧	1989 － 2012	125	8,780
吉林	未知－ 2012	207	17,720
黑龍江	1988 － 2012	167	10,645
江蘇省	1987 － 2012	136	20,380
浙江 **	未知－ 2013	142	46,460
安徽	未知－ 2013	290	21,350
福建	1989 － 2012	191	13,870
江西	1989 － 2012	274	16,240
山東	1989 － 2012	87	14,115
河南	1989 － 2012	325	17,390
湖北	1987 － 2012	280	24,285
湖南	1989 － 2012	292	19,892
廣東	1989 － 2012	42	5,150
廣西	1989 － 2012	209	10,690
海南	1989 － 2012	59	3,205
四川	1988 － 2012	306	23,650

（續上表）

地點	年份	捐贈項目數量	累計捐款（萬元）
貴州	1989 － 2013	246	12,040
雲南	未知－ 2012	292	14,645
西藏	1995 － 2012	45	2,780
陝西	1987 － 2012	279	23,275
甘肅	1988 － 2012	251	20,355
青海	1989 － 2012	176	10,085
寧夏	1989 － 2012	147	7,805
新疆	1989 － 2012	226	17,005
總計：	——	5,724	478,695

* 2000 年內蒙古發生嚴重雪災，邵逸夫捐出 2,120 萬元於當地災後重建，並非興建教學大樓。
對於捐款總額及捐贈項目的統計，時有出入，因某些項目時而分開計算，時而合併計算之故。
** 浙江乃邵逸夫祖家，所以捐款總額大幅高於其他省市。
資料來源：中國教育發展基金會及教育部港澳台事務辦公室，2014。

　　對於邵逸夫這種別具特色的捐獻行為，以及由此帶來的影響，在他於 2014 年去世後，各方悼念自然紛至沓來。以下一段介紹，則基本上概括了他藉慈善捐獻，換來大小建築物贈名紀念所產生的「留名」效果與榮譽：

　　你或許不認識邵逸夫，但你的生命中或許會有一座「逸夫樓」，這是先生逝世後網友的一句悼辭。如今，「逸夫樓」大多已成為各地學校標誌性建築，而「逸夫樓」能持續不斷地建設並延續下來，成為很多人心中讀書時的印記，成為教育品牌工程的代名字，成為一種榮譽的象徵。

（郝平，2014）

身為電影領軍人，又是別具創意的企業家，邵逸夫在推動慈善公益事業時，顯然十分注重形象包裝與別樹風格。他在進入暮年後思考留名後世的問題上，看來深刻地體會到 ── 或是摸索出 ── 捐款興建教學或醫療等設施，但要求以命名作回贈的做法，無形中達到了他為自己雕刻塑造「銅像」，並豎立在公眾場所的重大目標。更為重要的是，由於他的身家財富扎根於香港這個生財、聚財福地，他不斷捐獻的舉動，不但沒有減少其財富的增長或積聚，反而持續上升，令他可以更為進取地作出捐獻，在慈善公益方面做出了令人艷羨的成績，將不少身家財富比他更為豐厚的巨富比了下去。

走向世界的慈善傳奇

無論是范仲淹、盛宣懷、何東，乃至是無數中國人，他們推動慈善事業之心雖然熾熱，捐獻亦十分慷慨，但總是流露出社會學家費孝通（1991）口中的「差序格局」，即是帶有濃烈的血緣或地緣為本色彩，先家族宗族，後鄰里鄉黨，然後擴散至社區、社會、國家，極少能從大愛出發，無分宗族、國族與種族，走向國際。其次，受社會與物質條件的制約，他們的慈善義舉，絕大多數在於扶弱助寡、撫老恤孤的救濟賑災，鮮難脫離物質層面，走向更高層面的精神與價值追求和宣揚。邵逸夫則在這兩方面取得了突破，開中國歷史上的先河，將慈善公益推向全人類。

在中國慈善歷史上，為甚麼邵逸夫能夠做出前無古人的突破呢？這是一個值得深思亦很有趣的學術問題。雖然我們尚未知悉促使邵逸夫在這方面取得突破的原因何在，但多項環境因素似乎屬於一些蛛絲馬跡，可以作為探討的方向：其一是他人生閱歷極豐，享壽綿長；其二是財富日豐，雖然已大量捐獻，仍不斷增長；其三是個人具世界視野，足跡遍及滬港南洋等地，又具企業家不斷創

新求變精神，尤其有不斷挑戰自我之心；其四是家族傳承問題似乎早有定案，不用為遺留巨大財富而煩惱。

概括地說，雖然在電影電視界出類拔萃且財力雄厚者不少，例如前文提及的陸運濤和利孝和，但他們卻因壽命較短而壯志未酬，將某些大好發展機會留給了邵逸夫。另一方面，不少富豪的身家其實較邵逸夫多，但他們總有其他不同想法與計算，所以未能在慈善上揮灑自如、別樹一幟。當然，具有國際視野，且有企業家時刻創新求變精神的人亦大有人在，但其心不在慈善，捐獻只是出於某種應酬或勉強為之的心態，自然亦難有突破。至於更為重要的，應是出在家族傳承問題上，因為不少大家長到進入暮年之時，難免要為子孫輩如何傳承接班、避免爭家產，以及防止家業敗落而傷腦筋，但邵逸夫的子孫多屬專業人士，似乎不熱衷於接掌家族企業，因而相信沒有給邵逸夫帶來這方面的壓力。

正因具備了以上各項重要條件 —— 或者反過來說是沒有以上各種問題或矛盾，到了年過九十之後（恰好是香港回歸之後），邵逸夫對慈善公益事業的看法，顯然有了更為豁達和超然的胸懷，因而可以擺脫傳統或過去的框框或局限，由立足香港、心懷桑梓、走向大同世界的無分宗族、國族與種族的層面。具體的實踐，則是在經過一番擘劃與籌備後，於 2002 年宣佈會仿效諾貝爾獎的做法，創立「邵逸夫獎」，目的在於推動及獎勵那些在天文學、生命科學與醫學，以及在數學科學領域取得傑出成就的人士，促進社會進步，提高人類生活質素，豐富人類精神文明（邵逸夫獎網站）。

由於這個獎項既補充了諾貝爾獎的不足，又委任了具國際地位與權威的學者專家擔任評選委員會，而且給予了全權獨立決定，評審只按學術成就與為人類作出貢獻的不二標準，不滲入政治等元素，加上 TVB 的全力配合和大力宣

傳，自成立後經過一段時間的考驗與努力，終於作出了成績，獲得國際社會認可，因而贏來了「東方諾貝爾獎」的美譽。這不但令邵逸夫的名字更加蜚聲國際，其頭像亦鑴刻在獎牌上，可以更好地達到他心目中塑造「銅像」的目標。

一個簡單的統計數據是，自創立並於 2004 年頒發第一屆獎項至 2016 年的 13 個年頭裏，邵逸夫獎總共頒出四十個獎（基本上是每年三個，即天文學、生命科學與醫學、數學科學各一個，惟 2004 年的生命科學與醫學頒出兩個），每個獎項的得主不一定只有一人，有時有兩至三人不等，所以十三屆以來產生了七十一位得獎者。若按得獎者的國籍作一簡單統計，美國籍最多，有四十二人（當中有三人為華裔美籍），其餘依次為英國（十二人）、德國（三人），至於加拿大、俄羅斯、法國、日本和中國，則各有兩人；瑞士、澳洲、意大利和希臘則各有一人（邵逸夫獎網站）。

由此可見，此獎項雖由中國人設立於香港，評審團隊亦有較多中國人，但得獎者卻絕大多數為美國籍及英國籍人士，反而中國人則只佔很小的比例，反映美英仍主導着世界的科技研發，中國的頂尖科研仍有待發展的客觀事實，而更為重要的一點，是可十分清楚地說明，評審只以科研成績作為唯一標準，所以才令獎項自設立不久，即能打響名堂，迅速獲得國際社會認可與肯定。

邵逸夫獎的另一個突破重點，是此獎清楚地說明其慈善公益努力，已不再如傳統觀念般只着眼於扶貧恤孤、助弱撫寡，或是修橋築路；更非資助教育、醫療、養老，以及弘揚文化藝術等；因為這些層面的社會服務，在強調公民權利的現代社會，已絕大部分落到政府身上，因為政府向人民徵收稅款，有責任承擔這些基本的社會福利與服務，所以促使那些具遠大目標的施善者（慈善信託基金），朝向更高遠的目標出發，宣揚人性光輝、鼓勵和平友愛與豐富人類

精神文明。至於邵逸夫自然亦清楚看到此點，創立邵逸夫獎以支持更高層次的慈善公益，推動人類社會的進步，這樣的做法，實在又遠遠超越了范仲淹、盛宣懷和何東等人的胸襟和視野。

在設立邵逸夫獎以弘揚並推動人類更高層次追求之時，邵逸夫的人生、事業和家族亦走到另一重大脫變階段，因他（2006 年）即將跨過百歲高齡，所以相信會促使他作出更多籌劃和思考。接着數年的重大舉動：包括將家族旗艦企業邵氏兄弟（香港）有限公司私有化、出售電視廣播有限公司控股權，以及出售多個核心物業投資項目如邵氏影城物業連地皮、文華戲院物業連地皮、寶聲戲院物業連地皮和翡翠明珠廣場影響連地皮等，均備受關注。背後所反映的最大特點，除了個人及家族決定淡出企業領導，便是減少參與營業管理，寧可套現。其中一個説法，是子孫們沒興趣接掌香港的龐大業務（《新浪網》，2014 年 1 月 8 日）。

由於邵氏基金持有不小比例的邵氏兄弟（香港）有限公司股份，亦間接擁有電視廣播有限公司及其他多項物業投資的權益，邵氏兄弟（香港）有限公司私有化，以及出售以上各項重大投資的舉動，自然令邵氏基金的財力迅速增加；而邵逸夫更在套現後，將比例不小的資金注入邵氏基金之中，因而令邵氏基金有了更大的財力後盾，可以在慈善事業上作出更多貢獻。

完成各項人生最後階段的部署與安排的邵逸夫，於 2014 年 1 月 7 日走到了人生盡頭，在家中安祥去世，享年 106 歲（《明報》，2014 年 1 月 8 日；*South China Morning Post*, 8 January 2014）。消息一出，儘管並不令人意外，以他過百歲高齡，更屬福壽全歸，但仍令不少人感到悲傷，尤其是那些曾在不同層面上受惠於邵逸夫慈善捐獻的羣體（中國教育發展基金會及教育部港澳台事務辦公室，2014；《忽然一周》，2014）。

生於晚清，成長於民國，打拼事業時國家面對內憂外患，大半生奔走於滬港與南洋之間，在電影電視業幹出非凡成績的邵逸夫，雖有無數卓著事跡讓人津津樂道、深感敬佩，但最大亮點，相信非其別具特色且不斷作出突破的慈善捐獻散財之舉。此舉不但令其名字可鐫刻在全球無數大小不一的建築物或重大設施之上，亦見證了中國由弱轉強的民族復興歷程，而邵逸夫獎的設立，又標誌其慈善事業已有更為重大的突破，朝着追求全人類福祉與進步的方向走，為後世帶來更多貢獻，亦為來者樹立了重大的學習典範。

由鄉土走向國際的家族與慈善

西諺有云：「站在巨人的肩膊上，可以看得更廣更遠。」打拼事業、指點江山，當然要找對舞台，有外在優越條件配合和支持，才能乘時而起，否則事倍功半，難以盡展所長。回首邵逸夫及其家族建立的商業王國與慈善創舉，基本上可讓我們看到，由小鄉村走到大城市、由小舞台走向大舞台，再由小劇目做到大劇目的傳奇過程，說明找到巨人肩膊站立，確實有更寬廣視野。

扼要地說，邵逸夫祖父由家鄉老邵村走向鎮海、寧波，經營顏料生意，算是走出鄉土；再到邵逸夫父親由寧波走向上海，又是邁前一步，令顏料生意進一步發展，做出一定成績，本已是家族發展的一種突破。但當邵鏞那輩在大城市中成長，並接受了現代教育的兒子們先後走進社會後，因目光已開，立足點更高，所以覺得顏料生意發展空間有限，不願繼承父親衣鉢，反而方興未艾的電影業則吸引了他們的目光，成為他們爭相投身，一心渴望盡展所長的更重要舞台。

進入電影後，邵逸夫諸兄弟闖出名堂不久，即招惹競爭對手圍攻，令事業發展添加壓力。為此，他們迅速應變、另闢蹊徑，故有部分兄弟負責留守根據

地，部分兄弟則遠走南洋，尋找開拓業務的機會。至於日軍在三十年代向華大地發動連番侵略，又令其將發展目光投向另一重要舞台 —— 香港，然後因為重大歷史變遷有了日後扎根香港與南洋（尤其新加坡）的重大決定。

由於新中國成立後走上社會主義，採用公有制，香港和新加坡則在資本主義道路上繼續邁進，維持私有制，具企業家積極進取與不斷創新精神的邵氏兄弟，乃在這兩個幅員不廣，但卻具有吸納華洋中外資金與人才，且屬國際城市的重大舞台上，做出了突出成績，積累了巨大財富。其中邵逸夫於香港電影和電視業上的發展，更是出類拔萃，因他在發展事業的過程中，明顯察覺到，除了對本身文化、社會和市場有透切了解，更應對西方社會，乃至全球化浪潮等有更為全面的認識，這樣既較易發掘機會，亦能提出較切合市場或社會需求的貨品與服務，而他則在這個發掘機會與結合華洋中西與全球化浪潮中書寫了本身的傳奇，並傳播了中國的戲曲、藝術與文化。

更為重要的是，在歷練中開拓了更寬廣視野的邵逸夫，在富甲一方後，萌生了超脫傳統的「兼善天下」慈善公益意識，令其慈善行動不但不再如父輩般只是停留在修橋築路或賑災助困的層面上，而是專注於資助教育、醫療和文化藝術等，至於其受惠者則不再只是着眼於宗族鄉里，而是不分宗族、國族與種族的大社會，他年近百歲時創立的邵逸夫獎，更是站在推動人類社會進步的更高層次上，令香港的民間慈善公益事業可以邁出新里程。

除了尋覓個人或家族盡展所長的舞台問題，邵逸夫家族的發展歷程，還讓我們看到如下兩個重點：其一是要打拼事業，必須立足於一個能生財與聚財的社會環境，當中的道理很簡單，能生財與聚財的社會環境，必然是經濟發展充滿動力，持續增長，而社會又能長期保持穩定的地方。當然，我們亦假設相關

家族及領導具遠大目光與獨特風格，不會囿於傳統，因為這樣才能令家族及企業不斷創新求變、勇於開拓，帶來更多發展。

其二是要持續不斷地發展個人或家族的事業及慈善公益事業，不單只要立足於生財與聚財之地，更要有高效的理財和散財機制與環境，因為這樣才能確保經濟資源或資金的源源不絕、長用長有。要達到更有效果的生財、聚財、理財與散財目的，一地經濟與社會不但要充滿發展動力與穩定，更要有良好的金融與法律體制，而高質素的專業服務亦不可或缺，更不用說資金、人才和資訊等自由進出流動了，只有這樣，才能一方面吸引四方財／才的聚集，令錢生錢，投入成為慈善永久基金的資源可以帶來具吸引力的回報，另一方面又可令用於慈善的資源發揮更大效果，帶來更好回報。

邵逸夫在人生最後階段設立邵逸夫獎的舉動，尤其帶出一個別具時代意義的問題：中國的慈善事業如何才能有所超越，走向世界大舞台？因為無論是范仲淹、盛宣懷、何東，或是邵逸夫本人，過去的慈善意識，總是染有一定的鄉土味，扎根於本身生活的社會，所以帶有先宗族、鄉黨，然後社會與民族的文化色彩，亦集中於救濟與助困的滿足社會最基本層次需求，當然亦有提倡教育、改善醫療與宣揚文教信仰等。但是，到了年近百歲時，邵逸夫的思想明顯又有新的變化，甚至可說促使他想到更高層次的突破，因而有了捐出巨款以設立邵逸夫獎，藉以推動頂尖的科學與醫學等創新研究，為人類社會的進步作出貢獻的舉動。此舉動顯示他已走向更高層次的追求，或者說已超越了宗族或國族的界線。

由是觀之，邵逸夫家族數代人走過的傳奇道路，既說明尋找大舞台打拼事業的重要性，亦告訴我們站得高才能看得遠的道理，同時亦折射了中國從貧弱

受人侵略欺凌，無數人民被迫離鄉別井，但在飽經磨歷與辛勞後，終於走出困窘，迎來民族復興的曲折過程。由此帶出另一重大問題，在民族復興的過程中，我們不能只從中國文化中的血脈宗族角度上看，只關注自身問題，更應從人類福祉角度出發，關心更高層次的需求，因為無論是打拼事業，或是推動公益事業，只有這樣才讓我們可真正的走向世界舞台前沿，成為主角，並可贏得更大尊敬和讚譽。

結語

儘管作為邵氏家族最具代表性人物的邵逸夫祖籍浙江寧波，生長於上海，創業於滬港和南洋，足跡幾乎踏遍全世界，但事業和財富積累的地方主要是香港，至於再利用一生積累的財富以推動慈善事業的大本營亦是香港，可見香港之於邵逸夫及其家族，無疑有着極為重大的意義。並見證了香港這個本來屬於中華大地偏南一隅，且缺乏天然資源的地方，如何發展成國際金融中心，不但成為生財聚財之福地，更是理財散財的重鎮，在中國、亞洲，乃至世界近代歷史上發光發熱，作出極為巨大的貢獻。

由於香港自開埠始即以推動國際貿易為職志，並因屬英國前殖民地的關係，很早便發展成溝通華洋中外的樞紐，更成為西學東漸與吸納現代知識和科技的橋頭堡，具國際地位與視野，此一歷史淵源與連結，不但令香港逐漸建立起一套融匯東西，並具現代性內涵的社會制度；同時亦逐漸打造成貨物、資金、人才與資訊自由流通、往來無阻的具國際性地位的大都會；兩者不但有助個人或家族打拼事業、指點江山，更是他們走向更康莊大道，並可發揮更大力量的更為大巨的舞台 ── 慈善公益和信託基金則是近年來備受關注的其中一個重大範疇，至於邵逸夫家族不同時期在不同地方走過的足跡與傳奇，則恰如

其份地說明了當中尋覓更大舞台、書寫大歷史的重大問題，亦見證其取得的大成就。

第 六 章

慈善信託的發展和超越

永續慈善事業的努力和思考

引言

人類社會走過一條崎嶇曲折但卻傳奇非凡的道路，並創造了燦爛文明，所反映的，除了智慧結晶、汗水結晶，更是大愛善心結晶；所折射的，既有對真善美的重視，更有對不朽和永續發展的追求。至於過程中遇到的無數艱辛困阻，經歷過的無數起落風浪，不但磨練了意志、考驗了信念，更強化了對理想的追求，以及對照料自己家族，乃至於普羅民眾的擔當和貢獻社會的執着，其中還有無數衝破傳統框框的制度創新與逆境求變，更有追求止於至善的不斷努力。

透過對范仲淹家族、盛宣懷家族、何東家族和邵逸夫家族這四個貫穿古今，且別具時代特色的世家大族的傳奇故事與慈善事業作深入分析，我們可以看到如下三個十分清晰的特點：

一、中國以家族作為基本單位打拼事業或施善教化事業，由來已久，且從不間斷，並沒有如西方社會般曾經出現巨大轉變。

二、中國文化強調個人在光宗耀祖、蔭護子孫方面的責任，所以具有清晰而突出的家族本位特點。

三、中國文化重視在俗世的貢獻，尤其重視家族與社會的俗世關係，除了注視照料家人親屬的責任外，更在意扶助弱少孤寡、濟眾扶厄的努力，顯示其所追求的，已不再是一己家族的生存和發展，而具思己及人的兼善天下意識，目的是讓家族與社會產生更具分量亦更具內涵的互動與關係。

在本書的總結部分，筆者一方面簡單總結慈善信託制度與中國文化一脈相承的關係，說明其發展有利強化中國家族與文化；另一方面也會探討如何吸

收美國自十九世紀進入現代化階段以來建立慈善信託基金軟實力的經驗，在摒棄那些不合時宜觀念與習俗之時，強化自身力量以貢獻全球之時，擴大其影響力。接着，筆著會從理論角度，探討慈善資本主義（philantrocapitalism）在大中華地區興起和發展的機會與空間，以及其將會面對的障礙和挑戰。最後，會扼要地介紹當前中國綜合國力持續提升，國際形勢風雲色變所締造的千載難逢機會，然後再指出香港的特殊地位，對其在推動慈善信託方面的優勢，因為香港既有背靠祖國的一面，又有面向世界另一面，而國際財富管理中心的地位，更是香港能夠成為世家大族發展慈善事業不二之選的關鍵所在。

中國文化與慈善信託觀念的一脈相承

從文化與宗教信仰的角度看，以家族為核心單位的慈善信託安排，無疑可發揮更為直接的命運共同體效果，更因其觀念是將不朽留在人世，所以更具發展的積極性，而這種模式的制度安排，在中國歷史上更是由來已久，根深蒂固。之所以如此，一方面是社會結構以家為本，另一方面則是文化核心奉血脈至上為圭臬。兩者的相輔相成，實乃慈善信託不斷發展、成效突出的核心所在，哪怕帝制時期並不像今天社會般具有較為健全多元的制度保障。

若果我們深思細味以家為本、重視血脈的中國文化為何會發展出源遠流長的慈善信託制度，孟子所說的「苟為善，後世子孫必有王者矣」，無疑可視為動力的來源，亦可看作一個有力的註腳。孟子的意思在於點明，任何一個家族，若能摒棄狹隘小我的思想，慷慨為善，其子孫後代便有機會名揚天下，甚至成為王侯，而子孫能夠名揚天下，享有「一人之下、萬人之上」的榮譽，自然乃無數家族時刻追求的最大夢想與最高目標。就算是在智者的心目中，為善與回報，亦是互為因果、相互緊扣的。

事實上，長久以來，在華人社會，普羅市民較多從「行善積德、福有攸歸」的宗教或半宗教角度入手，向世人宣揚應積極行善、慷慨佈施，不要一毛不拔，從而建立道德資本，並藉此說明「種善因、得善果」一類具類宗教色彩的「多做善事，來生自有好報」的意義。學術界則較多從理性角度出發，既強調慈善事業的功能和作用、捐獻行為背後的種種因由，亦關注捐獻者在或明或暗及直接間接之間，給行善者帶來的政治、經濟、社會及道德「效益」（Sinn, 1989）。

換個角度說，任何家族均會在力所能及的情況下，為子孫爭取最好的發展空間與機會，積聚最大力量，例如提供豐盛的物質基礎，自小給予良好教育，讓其獲取專業資格，甚至經營社會網絡，締結門當戶對的姻親聯盟等。然而，毋庸置疑的事實是，哪怕做了這些重大安排和努力，也難保子孫能夠名揚天下，或是永守祖業，穩坐父輩打下的江山。因為，創業也好，守業亦然，成敗得失不單單只建基於內在實力和條件，天時地利等外圍因素，同樣不可忽略。可是，後者卻並非個人與家族力量所能轉移的因素，所以社會上便有將成功與否取決於「一命二運三風水」的說法。

更確實地講，決定一份事業的成敗盛衰，除了家族所能主導的內部（或可自我調節）因素，還有家族不能掌握的外在或超自然因素。至於如何能提升，例如好命和好運這些東西或條件，則成為不少家族的一些努力方向，尋找好風水的陰宅陽宅，便是民間社會最為流行且很容易察覺的方法。至於行善積德、佈施大眾，則是另一些廣受社會稱頌的舉動，慈善信託的設立和運行，便應運而生。因此中國自有文字記錄以來，便有無數慈善義舉、積聚陰德以福澤子孫的記載，這便是其中的重要考慮。

因為在中國文化中，個人被視為家族的一個組成部分，家族依賴個人生死相繼延續下去，而個人則在家族中找到不朽歸宿，互相依存，這與受基督宗教文化信仰影響的西方社會明顯不同，也讓中國文化的慈善信託，有了截然不同的驅動力量，出現了甚為不同的發展軌跡，產生了頗為不同的發展效果。具體地說，中國文化所孕育的慈善信託，在施善救濟時，有更為濃烈的先家族，後親屬、鄉里，繼而惠及整個社會和天下的親疏之別，基督宗教文化影響下的西方慈善信託，則較多地流露了一視同仁的觀念，親疏有別的色彩較淡。

正因如此，深入一點看，傳統中國文化下的家族慈善事業，自然帶有濃厚的「收合宗族」與「凝聚族眾」色彩，背後的思考邏輯，當然還是與「血脈至上」有關。同宗同族有困難，施以援手便如保護自身血裔，更不用說這樣的做法能夠凝聚宗族後人，最後達至保障自身利益的目的了。所以，在帝制時期，義莊制度深得民間社會歡迎，不少家族就算本身財力有限，仍會大力捐資宗族，將其放入已經建立起來，可以延續更長更久的義莊中，支持宗族義舉。有評論這樣說：「義莊雖一人一家之事乎？而實有合於三代聖人宗法遺意。宗法異宮同財，有餘則歸之宗，不足則資之宗」（馮宮允，1893），可見義莊制度與中國古代宗法制度相配合，理氣相通。

若將帝制時期民間的慈善信託，與走進現代化以後受基督宗教影響的西方慈善信託相比，無論在施善救濟的層次上，或是發展實力等層面上，又確實呈現一定差別或不足。其一是前者基本上停留在恤孤撫弱、助寡扶老的水平，目的是協助那些弱勢者求生，克服生存危機，但後者則已登上了宣揚文教、推動科研、強調環境保護，甚至社會公平公義等層面，目的是建設更美好社會。其二是前者規模較小，財力甚為有限，後者規模較大，財力雄厚。其三是前者一

般較集中於單一慈善，或一鄉一土，後者施善範疇較廣，走出一地一國的界限，甚為國際化和多元化。

由此帶出韋伯另一重要觀點是，中國的儒家傳統，保持着一種世俗化的心靈傾向，即是說中國人重視活在當世，所以對當世的命運如長壽、多子多孫、財富充裕等，熱烈祈求，全然不是為了死後進入另一國度，或是如基督宗教般的救贖。這種分析，雖反映了韋伯對中國文化中將「永生」追求投射到血脈之中的特質，缺乏全面通透的了解，但同時又支持了錢穆（2001）所指，中國人的生死觀其實並非對立，而是共融和留在當世內涵的敏銳觀察。

所以，儒家思想強調自制、內省和謹慎。因為自制，熱情便受到壓抑；因為內省，決策便瞻前顧後，不會激進；因為謹慎，發展便會趨向保守，不敢過於冒險。為此，有論者指儒家強調德性，孝道被認為乃德性的源頭，所以儒家「期望着此世的福、祿、壽和死後的聲名不朽，來作為美德的報償」（杜恂誠，1993：28），至於家族為本的義莊制度，則明顯配合了儒家崇文重孝，講究血脈，強調家族和道德的核心價值。這與基督宗教影響下個體地位平等的概念，明顯甚為不同。

儘管義莊之設寄望「歷久不廢」（清水盛光，1956：71），但歷史發展的迂迴曲折，很多時又非個人意願所能轉移。於是，這套本來只依靠社會道德力量，經常性收入主要來源於義田的義莊制度（廖志豪、李茂高，1995），在解放以後，便因國家實行土地國有政策而消亡。這是因為土地國有政策將私人土地收歸國家，個人已佔用的，則要付地價稅，遲付的要成倍地加付滯納金；如果付不出地價稅，那麼地皮上的建築物可計價抵付。這麼一來，不僅原來富可敵國的地產商被迫破產，一般大戶人家的財富也立即萎縮了，而依靠義田收入

以支持慈善的家族，自然亦因失去物質基礎的支撐而消亡。難怪有評論指出，土地國有政策是打垮資產階級的最有力的武器之一，因為大凡資本家，極大一部分的資本是房地產，銀行裏的鈔票則是有限的（宋路霞，2002：256）。於是，依靠在耕地收入以支持慈善義舉的義莊制度，乃無以為繼，全面崩潰。

可是，哪怕中國文化曾經遭遇了前所未見的嚴重破壞與摧殘，當社會和秩序恢復常態之後，那種結合祖先與子孫後代，具有強韌生命力，且已如程式般記錄下來的「血脈至上」文化基因，又展示出強大生命力來，情況就如中華民族雖曾歷不同朝代更替、戰火破壞、社會巨大變遷等不同洗禮之後，仍是一如祖宗先輩般重視血脈、強調孝道、家族本位，可見那種具中國文化特質的道德觀念與核心價值，歷久不變。

站在此時此刻的位置上看，歷史發展過程中的起落興替，無疑俱往矣，放眼未來，到底應當到何處去，更值得探討，因為自十九世紀中葉以還，由於國家綜合力量急速下滑，屢遭外敵侵擾，全國上下雖曾多番推行自強自救的變革和運動，致力西化學習，但總是無法令國家民族擺脫貧弱，更不要奢望可以實現富強，因此難免滋生了揮之不去的民族自卑感，覺得自己的文化低人一等，認為傳統文化與儒家思想十分迂腐，不切合時代步伐，以家為本和重視血脈的價值信念等，更屬一文不值、一無是處的東西。

到了今天，國家走過了歷史迂迴曲折的道路，迎來了可望的民族復興之時，我們應該更能深刻地領會到「條條大道通羅馬」這句西方諺語的真正意思，因而能較為自信地告知世人，走向富強與擺脫民族貧弱的方法，絕對不是只有全盤西化或照搬西方一套，立足於自己的土地上，按自身文化特質前進，同樣可迎來光輝明天。更不要說以家為本的慈善信託安排，因為具有命運共同體與發展積極性兩大特點而更有動力與優勢了。

將慈善信託打造成國和家的軟實力

在很多人心目中，美國自二十世紀繼英國而起，成為主導全球秩序霸主地位的發展歷程，令人嘖嘖稱奇，不但被視為硬實力的軍事力量持續壯大，經濟規模同樣不斷擴張，科技與教育自然亦同步提升，成為促進國家發展的重要支撐。而更重要的，則是連被視為軟實力（soft power）的東西，亦可得到多層面的凝聚，當中又以不少家族和企業家在國際舞台上，可以指點江山、呼風喚雨，令人豔羨。至於他們所創立或掌控的家族慈善信託基金，更被認為乃軟實力中備受關注和肯定的部分。

甚麼是軟實力？在談到美國自進入二十世紀後，能夠迅即取代十八、十九世紀稱雄全球，擁有「日不落帝國」的大英帝國地位，成為新的超級大國，主導世界秩序的問題時，著名哈佛大學政治學者奈特（Joseph Nye）在 *Soft Power：The Means to Success in World Politics*（《軟實力：世界政治中的成功方法》）一書中，系統地提出了軟實力的概念。他認為，在世界上，肉眼能見的硬實力雖然重要，但肉眼不能見的軟實力，影響其實更為巨大，而且無遠弗屆、無孔不入。沿着這個角度看，所謂硬實力，是指一種以武力作後盾，迫使他者服從的威脅或震懾力量；而所謂軟實力，則是一種能令他者自然聽從指揮、服膺領導或接受意見的柔性力量（Nye, 2004）。他甚至將後者稱為「精明實力」（smart power，另譯「巧實力」），說明其與別不同之處。

明顯地，在奈特心目中，要成為世界強國，或維持強國地位，雖然必須要有硬實力作為後盾，但軟實力亦同樣重要，必不可少。其實，奈特所說的軟實力，三千年前的孫子已講解得很清晰扼要，其中的《孫子兵法》，便有「不戰而屈人之兵」一條，言簡意賅地告訴我們，有一種力量，可以不用一兵一卒，

即能令敵人或對手俯首聽命、為我所用。當然，更為重要的，則是可以化解潛在矛盾，將對抗力量消滅於無形，既不會製造敵人，又可化育萬民，令四方來儀，心悅誠服。

我們常說家乃國的縮影，或是社會最基本的組成單位，西方世界更將根深葉茂、實力雄厚的世家大族比喻為小王國，或形容為「皇朝家族」（dynastic family），其重點在於說明，建立、發展，乃至確保家業的代代相傳，有如國之運作和維持般大同小異，所以國家如何能夠強盛不衰，領導地位如何能夠順利傳承等，必然可以作為家族的借鑑，反之亦然。

事實上，對於軟實力的問題，無論國家、家族，乃至個人，均可謂求之若渴，希望獲取並可建立起來，從而提升影響力、感染力或號召力。可見，不只一個強國的長久發展，需要依賴軟硬實力的並駕齊驅、同步發展；一個強大而長盛不衰的家族，同樣需要軟硬實力兼收並蓄、相輔相成。當然，對於家族而言，硬實力並非指其武器兵力，而是泛指人才濟濟、子孫眾多、財力雄厚、生意具競爭力等；至於軟實力，除了人脈網絡深厚、政治後台雄渾、社會地位超然之外，則必須建立強勁的道德資本，多做慈善則是關鍵所在。可惜的是，無論國家、家族或是個人，大家往往只着眼於硬實力，忽略軟實力的建立和凝聚；就算是對軟實力的探討，一般亦只集中於社會網絡與人際關係，甚少留意道德資本，因而難免窒礙家族的進一步提升和可持續發展。

若沿着如何能夠更好地發展軟實力的問題出發，世家大族在力所能及下，撥出部分資源財富，創立慈善信託基金，然後更有系統和更長遠地推動慈善義舉事業，從而積聚道德資本，贏取民心稱頌和尊敬，無疑乃極為重要的一個範疇。當愈來愈多家族能夠人同此心，心同此理地投入善款於慈善信託之中，回

饋社會，造福百姓，則整個國家必然能凝聚出一股強大慈善力量，無論在國內或國外，均可贏得美名，因而可轉化為無形的影響力、號召力，發揮孫子所指的「不戰而屈人之兵」的神奇效果。從某個角度上說，過去百多年間美國能夠獨步世界、予取予攜，正是憑着這種力量在明在暗間的協助。

毫無疑問，以金額計，美國乃全球擁有最多家族慈善基金的國家，在這方面積累的財富，比一些中小規模國家的財富還要多（The Foundation Center, 2014）。之所以如此，一方面是該國所擁有的億萬富豪或家族，全球最多，而他們又願意慷慨捐輸，另一方面則是商業、經濟與金融在過去近一個多世紀時間裏持續增長擴張，所以能夠孕育無數發達致富的家族，同時更因擁有一些聚財理財中心 —— 例如紐約的國際金融中心，所以能發揮「錢生錢」的效果，有了更強大的創富力量，支持慈善信託的更好更大發展。

從歷史視野上看，美國立國最初百多年，基本上是摸索前進，進入二十世紀後才真正躍居世界領導地位，不但硬實力大幅提升，例如不同產業獲得突飛發展，軍事與科研等一日千里，軟實力也逐步凝聚起來，例如教育改善，民間社會的財富在經濟與商業持續發展過程中水漲船高，所以不少家族躍升為世界級億萬富豪家族。至於一些像卡耐基、洛克菲勒等具深謀遠慮目光的企業家，更開風氣之先，不再把財富捐給教會，而是成立自己家族的慈善信託基金，按自己的意願和想法，以科學方法推行「散財」義舉，回饋社會，取得很好效果，凝聚了軟實力，因而引來其他人爭先學習模仿，然後有了今時今日富可敵國、實力無匹的家族慈善基金，無論在美國境內或是國際上，均影響力巨大。

中國綜合國力則自十九世紀中葉起從高峯迅速滑落，其巨大衝擊不但是硬實力 —— 國防裝備與經濟產量等 —— 的持續萎縮，尤其是農村破產、民生

凋弊與民間財富消減等，影響所及自然是軟實力的不斷弱化，例如文化自卑低落，就連本來那些已發展得甚具規模的大小義莊，亦因缺乏財力承擔而日見困頓，反而需要救助的民眾則日多，令中國慈善軟實力江河日下的問題更為尖銳。所謂「皮之不存，毛將焉附」，當國家硬實力遭到削弱時，軟實力亦無從談起。

新中國在上世紀七十年代末推行改革開放政策後，社會發展持久穩定，經濟發展更是一日千里，勢力雄渾，所以能在進入千禧世紀不久即躍升為世界第二大經濟體，僅屈居於美國之後，真正的走向了令人豔羨的民族復興之路。這一前所未見的發展局面，很自然地如大約一個世紀前的美國般，為民間社會創造了無數發財致富的機會，億萬富豪家族的數目也隨之增加，而順理成章的發展趨勢，則應是思考如何仿效中外先賢，綢繆如何可更有效地施善濟眾，回饋社會，凝聚國家和家族的軟實力。

一千多年前，身為士大夫又有功名官位的范仲淹，開風氣之先，依託在中國傳統文化與道德的基礎上，憑一家一族的力量，創立了影響後世、令人傳頌千古的義莊制度，尤其吸引不少人學習模仿。錢穆（1948：397）指出因為他具有「一種精神上的自覺」，感受到那個時代的「人心呼喚」。若從「精神自覺」與「時代呼喚」的角度上看，刻下中國巨富家族們大力投入慈善事業，應該別具意義，尤其可在助人為樂中，令個人、家族，甚至商人階級的地位得到更好鞏固，一舉多得。

正如本書不同篇章中提及，帝制時代基本上是重農抑商的，商人階級哪怕家財萬貫，在發展經濟上有巨大貢獻，但都難有社會地位，更不會獲得政府肯定與保護。當前社會，商人階級的貢獻和角色無疑獲得多方肯定，社會地位亦

大大提高了，但社會中仍殘留着揮之不去的某些負面觀念，之所以如此，是因為商人與僱員之間、資本家與工人之間、生產者與消費者之間，實在有着不可低估或者說結構性的某種矛盾性、競爭性，甚至對抗性內在關係之故，不容低估。為此，若然商人階級希望保持這種優勢，自然應該從爭取民心和社會支持出發，至於拿出部分累積的財富，用於慈善事業，相信可更好地贏取民心，紓緩彼此間的矛盾性、競爭性和對抗性。

走向慈善資本主義道路

自二次世界大戰結束後，儘管某些地區仍然戰火不斷，但基本上仍屬太平盛世，享受着前所未見的長期和平。在這種環境下，一方面經濟不斷發展，人民生活水平大幅提升、物質豐盛，另一方面則是發展帶來的破壞與不平等，於是滋生了諸如環境保護、呼喚公平正義等運動，進而孕育了公民社會（civil society）。簡單而言，則是普羅民眾對於自身社會發展和權利等，有更多的關注、醒覺，因而爭取按自然需求發展，不純粹跟隨資本主義事事均強調「利潤最大化」的一套。

從現實意義角度看，儘管資本主義制度百孔千瘡，存在無數缺失（Piketty, 2014），但很難想像再有巨大革命力量將之推翻，創立一個沒有資本主義的世界，因為資本主義在帶動生產、提升發展積極性，甚至在促進競爭等方面，具有十分明顯、無可匹敵的巨大優勢，尤其可以大大提升硬實力。另一方面，在經濟發展成熟、資訊高度流通的民本社會，政府在社會福利方面無疑已前所未見地承擔了更為巨大的責任：教育、醫療、房屋、生活福利等，在扶弱助困等不同層面上可說是應有盡有，令弱勢社羣獲得基本的照顧 —— 亞洲及非洲某些動亂頻仍且發展落後的地區除外 —— 這應是歷史上極為罕見的難得突破與改善。

一個不爭的事實是，人類由農業社會走向工業社會，或是從傳統資本主義走到現代資本主義的過程中，資本主義制度因為可以帶動生產、提升發展積極性，以及有助促進競爭等特質，確實發揮了巨大作用，不但孕育了工業革命，更帶來不少嶄新發展空間和機會，令社會產生了脫胎換骨的變化，同時亦創造了前所未見的大量財富。當然，亦破壞或摧毀了傳統的社會組織形式。

對於自工業化後資本主義現代化有助提升生產、積聚財富，從而改善生活—— 即提升軟硬實力的問題，無數個體、家族或社會自然對之趨之若鶩，希望投身其中、共享其利。可是，並非所有個人、家族或社會能夠取得成功，享受到現代資本主義所帶來的成果。例如在不發達國家中，便曾經有不少變革圖強，以期能夠搭上現代資本主義列車但卻失敗告終的例子，他們不但因此失去了本身文化或社會組織的獨特性，還因爭取進入現代資本主義的過程中急於求成而掉進了政爭不絕、社會不穩的泥沼，可謂「賠了夫人又折兵」，得不償失。

之所以如此，是因為資本主義制度具有自身的殘酷特質，因為它一來高舉或依從弱肉強食的森林法則，二來則有着剝削本質。當這種制度與國家主義結合在一起，更會露出以大欺小、以強凌弱的侵略面目，全球化與科技日新月異下的世界發展，尤其顯露了更多不容低估的問題或風險，包括美歐、日韓等發達國家的社會不安，或是亞洲及非洲等不發達國家的躁動不安等，皆給世界秩序與安全帶來潛在威脅，不容小覷。

既然全面推倒資本主義近乎不可能，而推翻資本主義的結果更是禍福難料，較為現實和可行的方法，自然是進行一些修補式的變革，或者說是採取一些體制上的自我完善。自上世紀七八十年代已經興起的環境保護主義或綠色思想，便是其中之一。近年才較為流行的講求個人、家族或企業「社會責任」

（social responsibility），而非片面聚焦利潤最大化，則是其中之二。至於慈善資本主義，則是另一條可供選擇，亦較為可行的道路。

所謂慈善資本主義，自然是個人、家族或企業在全力打拼下積聚巨大財富後，不是全部用於一己享樂，而是回饋社會，投放到慈善救濟的協助弱勢羣體之上。在這種體制下，無論是生財、聚財、理財或散財，除了全然按照資本主義邏輯運作，亦應依從科學化和現代化原則，一方面令慈善基金可以更好地「錢生錢」，財政支持長久不絕；另一方面則可令每一分錢發揮更好效果，幫助更有需要的民眾，營運開支則可減至最低。

除了這些按資本主義原則運作的制度安排，具中國文化特質的慈善信託事業，或者可為進入新千禧世紀以來的慈善資本主義注入新元素，從「以家為本」的方向作出努力，相信是最能取得突破的部分。扼要點說，眾多社會問題的滋生和激發，總是直接或間接地與家族有關。其中夫妻關係、父母子女關係、兄弟姐妹關係等發生變化或出現問題，則是關鍵所在；親人遭遇不幸，患上重病或離世等，亦會令那些人力物力較弱的家族面臨困境。即是說，新崛起的中國慈善信託基金，若能在宣揚家族和諧共融、促進親人情感與關係、支持家族教育，甚至是灌輸感懷祖、父輩恩德，對子孫輩則負起全力打拼事業責任等價值觀念上多做功夫，多作正面積極推廣，必然可為當前世界那股個人主義氾濫，離婚失婚大升，家族衝突頻生，弄至家不成家，或者有家歸不得的歪風，注入一股清流，減少社會問題。

另一方面，我們又必須明白到自身文化存在的不足，去蕪存菁，作出調整，只有這樣才能超越。正如前文提及，中國文化影響下的慈善，基本上未能擺脫先血脈家族親屬、後鄰里鄉黨，最後才兼善天下的親疏有別觀念。這樣必然窒

礙其走向世界，不利道德資本積累。為此，任何面向全球的慈善事業，均應從大愛出發，從提升全人類福祉為依歸，而非仍然停留在傳統年代。只有這樣，中國的慈善事業才能踏上更高台階。邵逸夫獎設立後全權交給具國際地位的著名學者管理，挑選得獎者不以其種族、信仰或政治立場作考慮，純以學術和科學成就論得失，因而能夠逐步享譽國際，便是一個重要說明。

當然，必須指出的另一要點是，支撐慈善資本主義持續不斷發揚光大的最重要力量，實乃經濟商業的持續不斷發展，因為若果沒有經濟持續發展所帶來的硬實力，以散財為任的施善救濟軟實力，只會是海市蜃樓、一閃即逝，既難以持久，亦無從說起。這便帶出另一值得關注的問題：到底如何能令經濟保持發展動力，甚至一枝獨秀？

在國際學術界，中國經濟自上世紀八十年代以還長期保持耀眼增長，無疑乃焦點探討所在。「中國模式」一詞更成為近年各方關注的熱點（*The Economist*, 1-7 March 2014：44；Bell, 2016）。簡單而言，自然是一個既沒民主，又不是西方國家，尤其不屬英格魯撒克遜文化的英語體系國家，竟然能夠擺脫內外政治亂局，取得近五十年的經濟和商業持續不斷發展、社會高度穩定，人人視家族為重，全力打拼，當西方發達國家在進入新千禧世紀後出現內外交困問題時，中國卻令人眼前一亮地躍升為世界第二大經濟體。

一個相信會令社會巨匠韋伯（Max Weber）大跌眼鏡，甚至沒法理解的社會發展問題是：擁有基督新教倫理，可以推動現代資本主義發展的西方，與在他心目中缺乏現代資本主義精神張力的儒家文化中國，本來應呈現不同發展勢頭 —— 即不能走上現代資本主義道路，但卻出現了同樣巨大的經濟發展動力，無論「亞洲四小龍」，或是內地，均自上世紀五十年代以還取得了突出的

經濟發展，今時今日的中國，更躍升為全球第二大經濟體，反映儒家文化主導的中國，甚至其他受儒家思想影響的社會，出現了與韋伯理論不符的發展狀況。或者應這樣說，資本主義的發展，離不了打拼經濟、創造財富，然後積累財富（資本），作進一步投資，所以無論經濟或商業，均應充滿發展動力，儒家文化顯然亦具有那些打拼經濟、創造財富，並且一心積累財富和再創富的商業精神與道德倫理。

可是，發展的現實是，絕大多數發達經濟體 ——— 西方社會（資本主義社會），在經歷一段時間後，卻又呈現了截然不同的狀況，原因被指乃全民選舉之故，導致了社會福利日升、課稅日重，生產力與競爭力同時江河日下的嚴重問題，更不用說一些常被引述的「超載政府」和「制度內耗」弊病了。反而奉行社會主義的中華大地，卻能擺脫民粹問題，為經濟商業注入活力。於是，民間財富便會此消彼長，進而影響慈善資本主義的發展。

當然，片面地以為社會主義國家必然難以如資本主義國家般具有經濟和創業活力，明顯既低估了制度彈性，又忽略了文化活力，中國政府的改革開放，引入市場經濟和資本主義運作邏輯，乃前者的解釋；中國文化以家為本、重視家族的價值觀念，有助營商創業則是後者的說明；兩者在上世紀七十年代末奇妙地結合起來，則有了前所未見的互補長短協同效應，因而成就了世界上相信乃獨一無二的「中國模式」。

若果是這樣，在未來的日子中，高舉民主的西方資本主義發達經濟體，很可能在社會內耗問題拖累下呈現發展動力每況愈下的問題，反觀結合市場經濟與文化特質，政治權力則高度集中，決策迅速高效，社會發展目標一致的中國，則很可能仍會朝着創富、聚富的方向前進，因而相信可產生更多大型企業、誕

生更多億萬富豪家族。於是，有可能令中國在未來的發展中擁有更多更大的硬實力，從而可以更為穩健地邁進慈善資本主義，為國際社會作出更實質貢獻。

若然真的如此，中國的企業家們，在回首國家由窮到富，自己則在那個千載難逢的歷史發展大潮中白手興家、積累巨大財富的人生經歷時，具有先賢般的目光與抱負，尤其能體會到歷史所給予的重要機會，同時又能頓悟到社會所交託的責任，明白到過去一直被抑壓的商人階級，當前已踏上社會的重大舞台，因而更可感受到一個全新的「時代呼喚」，作出更多力所能及的貢獻。

2018 年 9 月 10 日教師節當日，互聯網巨頭亞里巴巴創辦人馬雲剛進入人生第五十五個年頭便宣佈在一年後退任董事會主席兼首席執行官之職，將領軍帥印交給張勇，自己則重回教育專業，尤其會專心於推動慈善事業，更好地造福社會，且曾公開表示會向世界首富蓋茨（Bill Gates）學習其如何回饋社會之道（*South China Morning Post*, 11 September 2018），其舉止無疑呼喚了新時代的發展。可以想像，將有愈來愈多中國富豪加入這個行列，相信因此可為中國慈善事業的發展帶來另一番光景。即是說，他們應該登高望遠，敢於超越，藉慷慨捐獻造福世人 —— 若能想出一些制度創新更好。這樣，不但有助凝聚國家和家族的軟實力，令其家業永為穩固，他們本身亦可名留千古。

香港在推動慈善資本主義的角色和貢獻

國家的起落興替，在過去、現在和未來也牽動着香港的發展格局。簡單來說，進入近代史後的香港，因為東西方的一個歷史「偶遇」，由原來毫不起眼的小漁村，逐步引來全國上下，甚至是全世界的注意，然後一步一腳印地走上了現代化且十分國際的道路，其過程不但成就了自身，亦為國家民族無論在危

難滑落之時，或是民族復興之時，均發揮了舉足輕重的作用。自回歸以來，香港在推動慈善資本主義方面，尤其可作出更多貢獻，扮演更吃重角色。總體而言，香港在推動慈善資本主義上具有如下多項優勢！

一、香港沿用英國人統治時期運行已久的資本主義制度，並配上以普通法為基礎的法律體系，對私有產權的保障甚為堅固，加上「一國兩制」的史無前例安排，制度優勢可謂獨步全球，因而可以繼續發揮帶動生產、提升發展積極性及促進競爭等力量，令香港經濟能夠不斷向前發展。

二、香港雖為華人社會，但社會制度中卻植根了主導當今世界秩序的英格魯撒克遜文化，可與美國、英國、加拿大、澳洲等國的文化理氣相通，所以能夠和他們並軌前進，享有某些文化同質性的優勢。

三、香港金融體制運作成熟，資金進出自由，股票、債券和物業地產等投資市場開放活躍，加上近年逐步強化了資產管理服務，金融保密指數名列前茅，所以能與一直穩居全球理財中心的瑞士分庭抗禮，成為另一個全球性「生財、聚財、理財、散財」中心。

四、香港在慈善事業方面的發展具有充足經驗，過去曾在摸索中走過一條由傳統到現代的推動慈善發展道路。初期，當香港民間財富不足時，無數民眾集腋成裘，創立了東華三院、保良局或樂善堂等慈善機構，為助弱扶老等社會救濟承擔責任。自上世紀五六十年代起，由於民間財富日豐，因而逐漸有了吸納西方慈善制度以創立家族慈善信託基金的嘗試。

五、香港的慈善信託基金專業服務式式俱備，而且高度專業與國際化，值得信賴。慈善信託基金的發展，除了備受政治與法律制度的穩定性所影響，亦

需各種專業服務的支援。社會教育水平高，基本上已進入知識形社會的香港，在這方面具有很強優勢，無論法律、會計、國際金融及公司秘書服務等，均具有很高的國際水平。

六、香港長久以來發展了為善最樂、熱心捐獻的文化，不但富豪巨賈家族慷慨捐獻的新聞不絕於耳，且每每因為金額巨大引來中外社會的高度關注，就算是普羅民眾財力有限，亦長期表現了樂善好施的作風。每逢周末的賣旗籌款，或是重要日子東華三院、仁濟醫院及保良局等籌款活動，都能籌集大量善款，是有力和鮮明的例子。

對於香港濃厚的慈善公益文化，在推動國家走向慈善資本主義道路可以作出哪些重大貢獻問題，《共創未來 —— 香港公益組織在內地開展資助和服務情況調研報告》（2016）的一些簡單介紹，或者可以作為一個說明或註腳。該報告提到，自改革開放以還，香港對內地的慈善公益貢獻，一直極為巨大，內地接收的境外捐贈尤其是現金捐贈中，香港佔比最高。報告更引述中國民間慈善捐助信息中心的不完全統計，在 2009 － 2014 年的五年間，香港捐贈累計約 82.1 億元，其中主要善款來源既有個人（包括家族基金會和企業基金會），亦有一些慈善組織，他們的善款則來自公眾籌款。

報告還特別提到一些家族慈善基金的貢獻。例如：李嘉誠基金會自 1980 年起的項目捐獻，到 2014 年止已超過 200 億港元，其中 87% 用於支持大中華地區項目；田家炳基金會在內地硬件方面的捐助，總金額也超過 10 億港元。陳廷驊基金會自 1993 年起向中國青少年發展基金會「希望工程」項目進行捐助，連續四批捐建希望小學六百所，單是這方面的捐贈金額便達 1.2 億人民幣，佔當時全國「希望工程」受贈總額的 15%（《共創未來 —— 香港公益組織在內地開展資助和服務情況調研報告》，2016）。

誠然，要推動慈善資本主義的發展，香港不但要在各層面上作全方位強化，更應肩負引領大型華人家族慈善信託基金走向世界的角色，令大型華人家族慈善信託基金能和美國大型慈善基金 —— 如卡耐基信託、洛克菲勒基金、福特基金、蓋茨夫婦基金等 —— 分庭抗禮，並可在全球發揮指點江山、左右大局，甚至是推動社會變革，提升人民福祉的作用。若然如此，不但香港的生財、聚財、理財和散財角色可以更為突出，中國的軟實力相信亦可得到更大提升，令中華民族可以獲得真正的民族復興。

結語

作為本書的總結，我們有必要就家、國、文化和慈善信託的具體安排落實所反映的種種問題，作一扼要概括。孟子曾說：「天下之本在國，國之本在家」，錢穆（1973：42）曾說：「中國文化全部都從家族觀念上築起」，可見家族在社會與文化的中流砥柱作用。由於家族乃中國文化核心中的核心，其堅固自然乃中華民族一直以來仍能發光發熱的關鍵所在 —— 哪怕中華民族曾經面對近乎被滅族的危機。為此，梁漱溟（1963：36）曾引述日本人稻葉君山的觀點，指出：「保護中國民族的唯一障壁，就是其家族制度。這制度與持久力之強固，恐怕連萬里長城也比不上。」

若把焦點集中到我們研究的家族企業上，家族與文化兩個範疇，明顯是不容忽略的。正因如此，有研究者亦曾十分敏銳地指出：「研究企業如捨棄家族文化不談，則等於是捨本求末，未能觸及實質全貌。」（陳明璋，1984：489）同理，若果我們再將分析視角投放到家族慈善信託的問題上時，自然亦不能不理會文化因素，因為低估文化因素所發揮的作用，必然會導致相關制度無論在擘劃、運作，乃至於所能發揮作用等不同方面上產生致命錯誤。當然，

我們必須頭腦清醒，不可掉進泛文化主義的泥沼，偏執於文化特殊性。

　　誠然，對於中西文化之別，學術界的探討可謂汗牛充棟，多不勝數，本研究亦不逐一枚舉，只是想指出一個簡單重點：文化的形成，與宗教信仰、山川地理及氣候環境等天然條件直接相關，所以不能不明就裏地將兩個截然不同的社會拿來比較，或是以為別人運行良好的制度，引入我們的社會便能取得相同效果，低估了文化差異所帶來的問題。所以錢穆曾語帶提醒地指出：「……又輕以中國自來之文化演進，妄比之西洋之中古時期，乃謂非連根剷除中國以往學術思想之舊傳統，即無以萌現代科學之新芽」的問題（錢穆，1948：18），告戒我們在吸納西方所長，以期走向民族復興與現代化時，不能不察覺本身文化的底蘊、特質和內涵。本文有關家族慈善事業發展來龍去脈與何去何從的探討，正是立足於此，亦朝着這個方向出發。

參考資料

序

梁漱溟（1963）。《中國文化要義》。台北：正中書局。

錢穆（1973）。《中國文化史導論》。台北：正中書局。

第一章

Betteridge, T. and Freeman, T. S. (eds.) (2012). *Henry VIII and History*. London: Ashgate.

Bishop, M. and Green, M. (2009). *Philanthrocapitalism*: *How the Rich can Save the World*. New York: Bloomsbury Press.

Braudel. F. (1981 - 1984). *Civilization and Capitalism, 15th-18th Century*. New York: Harper and Row.

Bremner, R. H. (1988). *American Philanthropy* (2nd edition). Chicago: University of Chicago Press.

———— (1994). *Giving*: *Charity and Philanthropy in History*. New Brunswick U. S. A. : Transaction Publishers.

Cameron, E. (2012). *The European Reformation*. Oxford: Oxford University Press.

Carnegie, A. (1998). *The Gospel of Wealth*. Bedford, Mass. : Applewood Books.

Cordery, C. J. and Baskeville, R. F. (2011). "Charity transgressions, trust and accountability", *Voluntas*: *International Journal of Voluntary and Nonprofit Organizations*, Vol. 22, No. 2, pp. 197 - 213.

Cunningham, H and Innes, J. (1998). *Charity, Philanthropy, and Reform*: *From the 1690s to 1850*. Basingstoke, Hampshire: Macmillan.

Dowie, M. (2001). *American Foundations*: *An Investigative History*. Cambridge, Mass. The MIT Press.

Geary, L. M. and Walsh, O. (2015). *Philanthropy in Nineteenth Century Ireland*. Dublin: Four Courts Press.

Grant, R. (1919). *Law and the Family*. New York: C. Scribner's Sons.

Jamieson, G. (1970). *Chinese Family and Commercial Law* (2nd edition). Hong Kong: Vetch and Lee Limited.

Jerrold, W. (1926). *Henry VIII and His Wives*. London: Hutchinson.

Lloyd, T. 2004. *Why Rich People Give*. London: Association of Charitable Foundations.

Loades, D. M. (1994). *The Politics of Marriage: Henry VIII and His Queens*. Stroud: Alan Sutton.

Ma, L. Y. K. (2009). *Equity and Trusts Law in Hong Kong*. Hong Kong: LexisNexis.

Maslow, A. H. (1954). *Motivation and Personality*. New York: Harper.

Ostrower, F. (1995). *Why The Wealthy Give: The Culture of Elite Philanthropy*. Princeton, N. J. : Princeton University Press.

Pettit, P. H. (2012). *Equity and the Law of Trusts* (12th edition). Oxford: Oxford University Press.

Pettit, P. H. (2012). *Equity and the Law of Trusts* (12th edition). Oxford: Oxford University Press.

Rowley, H. H. (1956). *Prophecy and Religion in Ancient China and Israel*. New York: Harper & Brothers Publishers.

The Foundation Center (2014). *Key Facts on U.S. Foundations* (2014 edition). URL: http://foundationcenter.org/gainknowledge/research/keyfacts2014/foundation-focus.html.

Weber, M. (1950). *The Religion of China: Confucianism and Taoism*. Glencoe: The Free Press.

Weber, M. (1930). *The Protestant Ethic and the Spirit of Capitalism* (trans. by T. Parsons). New York: Scribner ; London: Allen & Unwin.

文崇一（1989）。《中國人的價值觀》。台北：東大圖書公司。

池鳳桐（2006）。《基督信仰的起源》（Ⅲ－Ⅳ）。上海：華東師範大學出版社。

李文治、江太新（2000）。《中國宗法宗族制和族田義莊》。北京：社會科學文獻出版社。

徐佩明（1991）。〈宗教與財富〉，載黃紹倫（編）《中國宗教倫理與現代化》，頁241－254。香港：商務印書館。

桑巴特（2016）。《戰爭與資本主義》，晏小寶（譯）。香港：大風出版社。

秦家懿、孔漢思（1989）。《中國宗教與西方神學》。香港：商務印書館〔香港〕有限公司。

張佳（2014）。〈明初的漢族元遺民〉，《古代文明》，第 8 卷 1 期，頁 58 – 67。

梁庚堯（1998）。〈家族合作、社會聲望與地方公益：宋元四明鄉曲義田的源起與演變〉，載中央研究院歷史語言研究所出版品編輯委員會（編）《中國近世家族與社會學術研討會論文集》，頁 213 – 237。台北：中央研究院。

梁漱溟（1963）。《中國文化要義》。台北：正中書室。

許海山（2006）。《古羅馬簡史》。北京：中國言實出版社。

黃仁宇（1991）。《資本主義與廿一世紀》。台北：聯經文化事業公司。

黃明理（2008）。《範氏義莊與范仲淹：關於范仲淹的儒學史地位的討論》。台北：花木蘭文化工作坊。

資中筠（2006）。《財富的歸宿 —— 美國現代公益基金會評述》。上海：上海人民出版社。

劉翠溶（1992）。〈中國人的財富觀念〉，載漢學研究中心（編）《中國人的價值觀國際研討會論文集》，頁 705 – 724。台北：漢學研究中心。

錢穆（2001）。《靈魂與心》。台北：蘭台出版社。

蘇亦工（2000）。〈香港殖民地時期二元化法制之確立〉，《二十一世紀雙月刊》8 月號（總第 60 期），頁 69 – 80。

顧准（1982）。《古希臘城邦制度：讀希臘史筆記》。北京：中國社會科學出版社。

第二章

Bishop, M. and Green, M. (2009). *Philanthrocapitalism: How the Rich Can Save the World.* New York: Bloomsbury Press.

Bremner, R. H. (1994). *Giving: Charity and Philanthropy in History.* New Brunswick: Transaction Publishers.

Liu, J. T. C. (1957). "An Early Sung Reformer: Fan Chung-yen", in Fairbank, J. K. (ed.) *Chinese Thought and Institutions*, pp. 105-131. Chicago: University of Chicago Press.

Lloyd, T. (2004). *Why Rich People Give.* London: Association of Charitable Foundation.

Ostrower, F. (1995). *Why The Wealthy Give: The Culture of Elite Philanthropy.* Princeton, N. J. : Princeton University Press.

Twitchett, D. (1959). "The Fan Clan's Charitable Estate, 1050-1760", in Nivison, D. S. and Wright, A. F. (eds.) *Confucianism in Action*, pp. 97-133. Stanford, Calif: Stanford University Press.

王琛（1995）。〈義莊芻議〉，載范仲淹研究會（編）《范仲淹研究論集》，頁 221 － 230。蘇州：蘇州大學出版社。

司馬遷（1975）。《史記》，王德毅、徐芹庭（斷句）。台北：新文豐台出版股份有限公司。

朱明霞（1995）。〈范仲淹族史研究〉，載范仲淹研究會（編）《范仲淹研究論集》，頁 311 － 321。蘇州：蘇州大學出版社。

朱林方（2014）。〈義莊：宗法一體化國家治理體系的一個樣本〉，《華中科技大學學報：社會科學版》，第 28 卷 4 期，頁 77 － 84。

余英時（1987）。《士與中國文化》。上海：上海人民出版社。

宋念慈（1956）。〈譯者序〉，見清水盛光（著）、宋念慈（譯）《中國族產制度考》，頁 1 － 3。台北：中華文化出版事業委員會。

李涵、劉經（1991）。《范仲淹傳》。鄭州：中州古籍出版社。

張圻福。1991〈論范仲淹〉，載范仲淹研究會（編）《范仲淹研究論集》，頁 1 － 6。蘇州：蘇州大學出版社。

梁其姿（1997）。《施善與教化：明清的慈善組織》。台北：聯經出版事業。

清水盛光（1956）。《中國族產制度考》，宋念慈（譯）。台北：中華文化出版事業委員會。

淨空（2014）。〈幸福美滿的泉源 —— 積善〉，《明報》，2014 年 5 月 24 日，頁 D9。

郭廷以（1979）。《近代中國史綱》。香港：香港中文大學出版社。

黃明理（2008）。〈范氏義莊與范仲淹：關於范仲淹的儒學史地位的討論〉，見《中國學術思想研究輯刊》，二編，第 17 冊。台北：花木蘭文化出版社。

廖志豪、李茂高（1995）。〈略論范仲淹與范氏義莊〉，載范仲淹研究會（編）《范仲淹研究論集》，頁 212 － 220。蘇州：蘇州大學出版社。

趙爾巽（1998）。《清史稿》。北京：中華書局。

錢公輔（1987）。〈義田記〉，載吳楚材、吳調侯（選註）《古文觀止》（下冊）。北京：中華書局。

錢穆（1948）。《國史大綱》（1948 年版影印本）。上海：商務印書館。

———（2001）。《靈魂與心》。台北：蘭台出版社。

譚家齊（2005）。《心同此感：世界助人文化與慈善事業》。香港：突破出版社。

第三章

Anheirer, H. K. and Leat, D. (2006). *Creative Philanthropy: Toward a New Philanthropy for the Twenty-First Century*. London; New York: Routledge.

Bawtree, D. and Kirkland, K. (2013). *Charity Administration Handbook*. Haywards Heath: Bloomsbury Professionals.

De Sanctis, F. M. (2015). *Churches, Temples, and Financial Crimes: A Judicial Perspective of the Abuse of Faith*. Cham; Heidelberg; New York: Springer.

Jeffreys, E. and Allatson, P. (2015). *Celebrity Philanthropy*. Bristol: Intellect.

Kennedy, P. (1987). *The Rise and Fall of the Great Powers: Economic Change and Military Conflict from 1500-2000*. New York: Random House.

Friedman, T. L. (2006). *The World is Flat: The Globalized World in the Twenty-First Century*. New York: Penguin Books.

McGoey, L. (2015). *No Such Thing as a Free Gift: The Gates Foundation and the Price of Philanthropy*. London; New York: Verso.

Silk, R. D. and Lintott, J. W. (2011). *Managing Foundations and Charitable Trusts: Essential Knowledge, Tools, and Techniques for Donors and Advisors*. Hoboken, N. J.: Bloomberg Press.

Social Services Branch. (1988). *Directory of Charitable and Trust Funds. 1977-1988*. Hong Kong: The Hong Kong Government Printer.

Watt, G. (2010). *Trusts and Equity*. Oxford; New York: Oxford University Press.

Wilson, S. (2013). *Todd & Wilson's Textbook on Trusts*. Oxford: Oxford University Press.

久保亨（1995）。《中國經濟 100 年》（日文）。東京：創研出版社。

中國教育發展基金會教育部港澳台辦公室（2014）。《企業翹楚慈善楷模：紀念邵逸夫先生逝世一周年》。北京：高等教育出版社。

王爾敏、吳倫霓霞（1997）。《盛宣懷實業朋僚函稿》，三冊。香港：香港中文大學中國文化研究所。

北京大學歷史系近代史教研室（1960）。《盛宣懷未刊信稿》。北京。中國史學社。

伍悠（2014）。〈常州盛氏拙園義莊研究〉，《常州工學院學報》（社科版），第32卷1期，頁1－8。

宋路霞（2001）。《百年家族盛宣懷：中國近代工業家之父》。台北：立緒文化事業有限公司。

————（2002）。《盛宣懷、盛康、盛毓度》。石家莊：河北教育出版社。

李黃冰斯紀念教育基金（2010）。《李黃冰斯紀念教育基金十五周年紀念特刊》。香港：香港基督宗教循道衛理聯合教會學校教育部。

李新（2011）。《中華民國史》（第8卷）。北京：中華書局。

易惠莉（1994）。《中國第一代實業家盛宣懷》。南京：江蘇文史資料編輯部。

《香港慈善基金總覽》（2015）。香港：樂想市場顧問〔國際〕有限公司。

夏東元（2004）。《盛宣懷年譜長編》。上海：上海交通大學出版社。

————（2007）。《盛宣懷》。上海：上海交通大學出版社。

《盛宣懷行述》（2002）。載宋路霞（編）《盛宣懷、盛康、盛毓度》，頁291－305。石家莊：河北教育出版社。

《盛宣懷檔案選編‧典當錢莊編》（2014）。上海：上海圖書館。

《盛宣懷檔案選編‧慈善編》（2014）。上海：上海圖書館。

郭少棠（1993）。《西方的巨變：1800－1980》。香港：香港教育圖書公司。

陳序經（1977）。《中國文化的出路》。台北；牧童出版社。

陳旭麓、顧廷龍、汪熙（1979－2002）。《盛宣懷檔案資料選輯》（1－8冊）。上海：上海人民出版社。

馮宮允（1943）。〈拙園義莊記〉，載《龍溪盛氏宗譜》。上海：上海圖書館。

趙立彬（2005）。《民族立場與現代追求：20世紀20－40年代的全盤西化思潮》。北京：生活‧讀書‧新知三聯書店。

《龍溪盛氏宗譜》（1943）。上海：上海圖書館。

第四章

Cheung, S.N.S. (1983). "Economic Explanation: Let Us Ride with the Surging Tide", *Supplement to the Gazette*, Vol. 30, No. 3. pp. 1-11.

Edmondson, J. (1977). "Trust funds which pour money into charity", *South China Morning Post*, 24 July 1977, p. 6.

Friedman, M. (1981). *Free to Choose*. London: Pelican Books.

HKRS No. 70-7-398: Social Welfare Fund and Grants-Sir Robert Ho Tung Charitable Fund (1973). Hong Kong: Hong Kong Public Records Office.

HKRS No. 70-8-4227: Sir Robert Ho Tung Charitable Fund. (1976-1979). Hong Kong: Hong Kong Public Records Office.

HSBC Trustee (Hong Kong) Ltd. The Secretary for Justice & Others (2001). Hong Kong: Court of First Instance.

King, A. (1975). "Administrative Absorption of Politics in Hong Kong: Emphasis on the Grass Roots Level", *Asian Survey*, Vol. 15, No. 5. pp. 422-439.

Lau, S. K. (1986). *Society and Politics in Hong Kong*. Hong Kong: Chinese University Press.

Lee, D. (1975). "Secrets of a Famous Ho Tung Revealed", *South China Morning Post*, 28 December 1975, p. 5.

Lee, V. 2004. *Being Eurasian: Memories Across Racial Divides*. Hong Kong: Hong Kong University Press.

Miners, N. (1977). *The Government and Politics of Hong Kong. Hong Kong*: Oxford University Press.

Probate Jurisdiction-Will Files, No. 145 of 1947. (1947). "In the Goods of Margaret Ho Tung Alias Mak Sau Ying, Deceased". Hong Kong: Public Records Office.

Probate Jurisdiction-Will Files, No. 202 of 1947. (1947). "In the Goods of Clara Ho Tung Alias Cheung Ching Yung, Deceased". Hong Kong: Public Records Office.

Smith, C. T. (1995). *A Sense of History: Studies in the Social and Urban History of Hong Kong*. Hong Kong: Hong Kong Educational Publishing Co.

South China Morning Post. Various years.

Stokes G. & J. Stokes. (1987). *Queen's College: Its History 1862-1987*. Hong Kong: Queen's College Old Boy's Association.

Tse Liu, F. (2003). *Ho Kom-tong: A Man for All Seasons*. Hong Kong: Compradore House Limited.

Wong, B. (1988). *The Wong's (internal circulation)*. Hong Kong: no publisher.

Wong, S. L. (1988). *Emigrant Entrepreneurs: Shanghai Industrialists in Hong Kong*. Hong Kong: Oxford University Press.

Zheng, V. and Wong, S. L. (2010). "The Mystery of Capital: Eurasian Entrepreneurs' Socio-Cultural Strategies for Commercial Success in Early Twentieth-Century Hong Kong", *Asian Studies Review*, 34: 467-487.

丁新豹（1997）。〈歷史的轉折：殖民體系的建立和演變〉，載王賡武（編）《香港史新編》，第1冊，頁59－130。香港：三聯書店〔香港〕有限公司。

中國第一歷史檔案館（編）（1996）。《香港歷史問題檔案錄》。香港：三聯書店〔香港〕有限公司。

何文翔（1992）。《香港家族史》。香港：明報出版社。

何張靜蓉（1934）。《名山遊記》。香港：東蓮覺苑。

施其樂（1999）。《歷史的覺醒：香港社會史論》。香港：香港教育圖書。

香港法律改革委員會（1990）。《香港法律改革委員會研究報告書：遺囑、未留遺囑情況下的繼承以及死者家屬和受供養人士的供養問題（論題十五）》。香港：香港政府印務局複印。

鄭宏泰、黃紹倫（2006）。《香港股史：1841－1997》。香港：三聯書店〔香港〕有限公司。

———（2007）。《香港大老：何東》。香港：三聯書店〔香港〕有限公司。

———（2009）。〈何東買辦家族的政商網絡〉，載香港中文大學中國文化研究所文物館及香港中文大學歷史系（編）《買辦與近代中國》，頁128－169。香港：三聯書店〔香港〕有限公司。

———（2010）。《三代婦女傳奇：何家女子》。香港：三聯書店〔香港〕有限公司。

────（2016）。《山光道上的足跡：東蓮覺苑八十年》。香港：三聯書店
〔香港〕有限公司。

蘇亦工（2000）。〈香港殖民地時期二元化法制之確立〉，《二十一世紀雙月刊》，
8 月號，總第 60 期，頁 69—80。

第五章

Elliott, M., (2008). "A Tale of Three Cities", *The Time*, 17 January 2008. URL:
http://www.time.com/time/magazine/article/0,9171,1704398,00.html.

South China Morning Post. Various years.

上海近代文獻館（2009）。〈邵玉軒〉，載《海上名人之工業名人》。上海：上海近
代文獻館。

中國教育發展基金會及教育部港澳台事務辦公室（2014）。《企業翹楚慈善楷模：
紀念邵逸夫先生逝世一周年》。北京：高等教育出版社。

《申報》。各年。

任芳（2015）。《品人生：邵逸夫 ── 中華首善的百年傳奇》。西安：西安電子科
技大學出版社。

《邵氏宗系匯集》（2006）。寧波：寧波出版社。

祝春亭、祝敏娟（2008）。《邵逸夫傳》。武漢：湖北人民出版社。

陳啟祥（1995）。〈香港本土文化的建立和電視的角色〉，載冼玉儀（編）《香港文
化與社會》，頁 80－88。香港：香港大學亞洲研究中心。

費孝通（1991）。《鄉土中國》。香港：三聯書店〔香港〕有限公司。

黃霑（1982）。《數風雲人物》。香港：博益出版集團有限公司。

《新浪網》（2014）。〈邵逸夫兩子無意接班家族信託管理遺產〉，2014 年 1 月 8 日。
網 址：http://dailynews.sina.com/bg/ent/tv/sinacn/20140108/01195345840.
html.

詹幼鵬、藍潮（1997）。《邵逸夫傳》。香港：名流出版社。

鄭宏泰、黃紹倫（2009）。〈從紐倫港到海灣港的聯想〉，《亞洲週刊》，第 23 卷 32 期，
頁 36－38。

鍾寶賢（2004）。《香港電視業百年》。香港：三聯書店〔香港〕有限公司。

竇應泰（2008）。《邵逸夫家族傳》。北京：華夏出版社。

第六章

Carnegie, A. (2011). *The Autobiography of Andrew Carnegie.* New York: Ingram Publisher Services.

Piketty, T. (2014). *Capital in the Twenty-First Century* (trans. by Goldhammer A). New York: Harvard University Press.

Bell, D. (2016). *The China Model: Political Meritocracy and the Limits of Democracy.* New Jersey: Princeton University Press.

The Economist. Various years.

South China Morning Post. Various years.

朱岑樓（1981）。〈中國家庭組織的演變〉，載朱岑樓（編）《我國社會的變遷與發展》，頁 271。台北：三民書局。

梁漱溟（1963）。《中國文化要義》。台北：正中書局。

錢穆（1973）。《中國文化史導論》。台北：正中書局。

陳明璋（1984）。〈家族文化與企業管理〉，載工商時報經營叢書小組（編）《中國式管理研討會實錄》，頁 487 − 510。台北：工商時報社。